Im Zustand der Reinheit schwingt
sich Mohammed auf ein Fabelwesen, eine
Stute mit Frauengesicht namens Burāq,
die mit einem Satz so weit springen kann,
wie das Auge reicht.

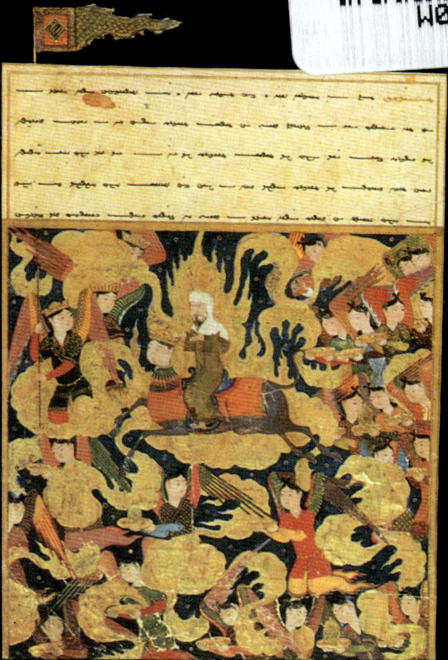

Zunächst trifft Mohammed den weißen Hahn,
dessen Kopf den Thron Allāhs trägt
und dessen Füße auf der Erde stehen. Er ist das Wahrzeichen des Islam, der Religion, die tief im
Boden der Menschheit verwurzelt ist.

Mohammed und der Engel Gabriel ziehen
ohne Eile weiter, denn vor ihnen liegt die Ewigkeit
der Auserwählten Gottes.
Dort begegnen sie David und Salomon.

Sie begrüßen Moses und später auch Jesus.
Danach führen sie alle Patriarchen und Propheten zum Gebet in eine himmlische Moschee.

Sie sehen Abraham auf seinem Smaragdthron sitzen – Abraham, der den Grundstein der Ka'ba legte, Abraham, den Vater Ismaels, des Urahns der Araber.

Auf ihrem Ritt gelangen sie schließlich in den siebenten Himmel, wo sie von Engeln empfangen werden.

Dort betreten sie ein Gebäude, das den Übergang von der menschlichen in die göttliche Welt darstellt.

Sie finden den Baum mit Ästen aus Smaragden und Perlen, zu dessen Füßen der Nil und der Euphrat fließen.

Damit hat Gabriel, der Erzengel mit den 600 Flügeln, seine Aufgabe erfüllt: die Botschaft Allāhs zu übermitteln.

Allāh, vor dem sich Mohammed, der Mann aus Mekka,
der Kaufmann aus der Wüste, schließlich zu Boden wirft…
Eingehüllt in Wolken von Licht, betet Mohammed

seinen Gott an. Nun weiß er endlich mit Sicherheit,
daß die tausend Demütigungen, die er auf der Erde erlitten
hat, nicht umsonst waren

Seine Ankunft im Paradies, von Huris auf Kamelen begrüßt,

t die gerechte Belohnung für seinen hartnäckigen Eifer
ie Menschen von der Einzigkeit Gottes zu überzeugen

Diejenigen aber, die nicht hören wollen und die sich von ihm abwenden, leiden in alle Ewigkeit in den Flammen der Hölle.

Das ist die Legende von Mohammed, die gläubige Moslems von Generation zu Generation weitererzählen.

Aber Mohammed ist nicht nur der Prophet Allāhs, er führt auch das Leben eines ganz normalen Menschen.

Das Schicksal dieses Mannes, der vor dreizehn Jahrhunderten lebte, sollte den Lauf der Geschichte verändern.

Anne-Marie Delcambre studierte islamisches Recht und begann sich daher intensiver mit der islamischen Kultur zu beschäftigen. Von 1973 – 1976 lehrte sie an der St.-Josephs-Universität in Beirut, Libanon. Unter anderem arbeitet sie heute als Autorin an der „Encyclopédie de l'islam" mit.

Deutsche Textfassung: Jochen Budde
Wissenschaftliche Bearbeitung:
Jürgen Wasella, Islamwissenschaftler,
und Martin Sulzer, Historiker

CIP-Titelaufnahme der Deutschen Bibliothek

Mohammed : die Stimme Allahs /
Anne-Marie Delcambre. [Dt. Textfassung: Jochen Budde.
Wiss. Bearb.: Jürgen Wasella u. Martin Sulzer].
– Dt. Erstausg., 1. Aufl. – Ravensburg: Maier, 1990
(Abenteuer Geschichte; 3) (Ravensburger Taschenbuch)
Einheitssacht.: Mahomet, la parole d' Allāh <dt.>
ISBN 3-473-51003-3
NE: Delcambre, Anne-Marie [Mitverf.]; Wasella, Jürgen [Bearb.];
EST; 1. GT

ABENTEUER GESCHICHTE

Deutsche Erstausgabe als Ravensburger Taschenbuch

Die Originalausgabe erschien unter dem Titel
„Mahomet, la parole d'Allah"

Redaktion der deutschen Fassung: Martin Sulzer

Satz: Eduard Weishaupt, Meckenbeuren
Printed in Italy by Soc. Editoriale Libraria

5 4 3 2 94 93 92 91

ISBN 3-473-51003-3

MOHAMMED
die Stimme Allahs

Anne-Marie Delcambre

Otto Maier Ravensburg

ERSTES KAPITEL

DIE HERKUNFT EINES PROPHETEN

Als Mohammed zwischen 570 und 580 n. Chr. geboren wird, hat sich sein Klan schon seit langen Jahren in Mekka, im Herzen Arabiens, niedergelassen. Mohammed – arabisch Muḥammad – ist der Sohn 'Abdallāhs*, des Sohns 'Abd al-Muṭṭālibs, des Sohns Hāšims… So steht in Arabien jeder Mann, auch ein Prophet, in der Reihe seiner Vorfahren.

Ein arabisches Sprichwort illustriert die besondere Stellung des Kamels im Arabien des 6. Jahrhunderts: „Dem untersten Stand gebührt die Feldarbeit, der Dienerschaft die Rinderzucht, während dem Adel das Kamel und dem Heldentum das Pferd gehört.“

*** Zur Schreibweise der arabischen Begriffe und Eigennamen s. S. 182.**

Ein Araber gehört notwendigerweise einem *Klan** und einem *Stamm* an. Mohammed kommt aus dem Stamm der Qurayš, die im 5. Jahrhundert Mekka erobert haben. Nach dem Tod seines Vaters wird er von seinem Großvater, ʿAbd al-Muṭṭālib, aufgezogen.

Im Arabischen bedeutet „Qurayš" Hai.

Haie gibt es überall im Roten Meer und im Persischen Golf, von denen die Arabische Halbinsel umgeben ist. Was für eine Beute muß die Stadt Mekka für einen Stamm, der dieses *Totem* angenommen hat, wohl gewesen sein! Mekka, das wegen seiner Quelle Zem-Zem und seines Heiligtums, der *Kaʿba,* berühmt ist, liegt auf halber Strecke zwischen Südarabien und dem byzantinischen Palästina. Damit ist es sowohl ein Treffpunkt der Karawanen, die nach Jemen, Ägypten, Syrien und Mesopotamien ziehen, als auch seit jeher eine Zwischenstation auf dem Weg zwischen Süd- und Nordarabien.

Der Stamm der Qurayš wird in zehn Klans unterteilt, von denen der Klan der Hāšim zu den angesehensten gehört. ʿAbd al-Muṭṭālib rechnete wohl kaum damit, daß seine Nachfahren, die Haschemiten, einmal in die Geschichte eingehen würden, ebensowenig wie der Klanchef

Auf dieser persischen Karte aus dem 16. Jahrhundert (oben) ist die Kaʿba als Mittelpunkt der Erde dargestellt. Die arabische Geographie nimmt sich griechische Werke zum Vorbild, besonders das des Ptolemäus, für den die Erde eine Kugel im Zentrum des Universums war. Die Araber studieren vor allem die Geographie der islamischen Länder und der umliegenden Meere. In ihrer Kartographie teilt sich die bewohnte Welt in zwei Teile: „Dār al-Islām", das Territorium des Islam, und „Dār al-Ḥarb", das Territorium des Krieges.

kursive Begriffe **siehe Glossar Seite 183.**

Omayya sich vermutlich vorstellen konnte, daß er am Anfang einer der größten Dynastien, der Omayyaden, stand.

Im Jahr 545 ist ʿAbd al-Muṭṭālib über 50 Jahre alt. Er ist ein glücklicher Mann, denn er hat mehrere Frauen, zehn Söhne und sechs Töchter. Keine Kinder zu haben, bedeutet „abtar" zu sein, das heißt „verstümmelt, impotent". Wenn er nur Töchter hätte, würde er von den anderen Leuten im Klan verächtlich angesehen. Töchter gelten als so schwere Belastung, daß sie manchmal, z.B. bei Hungersnöten, sogar gleich nach der Geburt lebendig begraben werden. Das ganze Leben der Beduinen wird von einem strengen Ehrenkodex bestimmt, nach dem sich alle Klanmitglieder zu richten haben. Bricht jemand aus, verliert ein Mädchen z.B. schon vor der Ehe ihre Jungfräulichkeit, kostet das den ganzen Klan sein Ansehen.

Der Klan, das grundlegende Element der beduinischen arabischen Gesellschaft, hat seine Regeln, seine Rangordnung und seine Gesetze. Jeder Klan ist selbständig und souverän. Die Würdenträger tagen im Rat, der „mala'a". Dem Klan ʿAbd al-Muṭṭālibs obliegt es, die Pilger mit Wasser zu versorgen. Diese Aufgabe, die „Siqāya", ist ein Ehrenamt, das die Macht seiner Familie belegt.

Arabien ist eine große Wüste und bedeckt eine Fläche, die einem Drittel der Größe Europas entspricht. Dort ist die Heimat der Beduinen.

Die nomadisierenden Beduinen leben unter extrem schwierigen Bedingungen. In den weiten Wüstengebieten, deren Eintönigkeit nur hie und da von ein paar Felsformationen aufgelockert wird, fühlt sich der Mensch wie ein Gefangener zwischen zwei Unendlichkeiten: dem Sand unter seinen Füßen und dem Himmel über seinem Kopf. Dieses Land ist die Heimat der Nomaden, die ihre Ziegen- und Kamelherden von einer Oase zur nächsten treiben. Die Oasen sind Orte der Ruhe und des Friedens für die Wüstenbewohner. Dort wachsen Dattelpalmen, dort gibt es Quellen mit frischem Wasser. Nağran, Yaṯrib, Fadak, Ḫaybar, Madayn, Tabuk und Qasim sind die traditionellen Rastplätze der Nomaden. Die Beduinen, die auf die dort ansässigen Bauern oder Händler herabsehen, sind wegen der furchtbaren Dürre in der Wüste ständig gezwungen weiterzuziehen, um das Vieh auf der Suche nach Wasser und nach den raren und kargen Weideplätzen voranzutreiben.

In der Wüste muß man ständig in Bewegung bleiben, um zu überleben. Also bricht man die Zelte aus Ziegenwolle sehr oft ab. Die Kleidung ist so geschnitten, daß man bequem darin reisen kann: Sie ist so weit, daß sie tagsüber die Bewegungsfreiheit nicht einschränkt

und es abends erlaubt, sich warm darin einzuhüllen, denn die Nächte sind ebenso kalt wie die Tage heiß sind.

Das Leben wäre noch schwieriger, gäbe es nicht das Wüstenschiff, das Kamel – oder vielmehr das Dromedar, das einhöckrige Kamel. Das Tier ist in der Lage, an einem einzigen Tag 100 km zurückzulegen und bis zu 200 kg zu tragen.

Bleibt die Suche nach Weidegründen erfolglos, überfallen die Beduinen gern feste Ansiedlungen, wobei sie auch Frauen und Kinder entführen, die sie später als Sklaven verkaufen oder gegen Lösegeld zurückgeben.

Händlerkarawanen, die aus Syrien, Mesopotamien und dem Jemen kommen, ziehen durch die Wüste.

Juni 540. Bei brütender Sommerhitze zieht eine Kamelkarawane ʿAbd al-Muṭṭālibs langsam in Richtung Süden. Sie kommt aus Syrien zurück, wo die Handelsware verkauft oder eingetauscht worden ist. ʿAbd al-Muṭṭālib kennt die Märkte von Damaskus genau, und er weiß, daß diese Stadt, in der er einträgliche Geschäfte macht, zum byzantinischen Reich gehört. Doch er hat noch nie den christlichen Kaiser Justinian gesehen, der ein berühmtes Gesetzbuch hat schreiben lassen, den Codex Justiniani.

Arabien ist ein unwirtliches Sandmeer, dem die Araber erst durch die Zähmung des Kamels beikommen. Der Reichtum der Moslems im Lauf der Geschichte beruht auf den langen, aber einträglichen Reisen der Karawanen. In den Basaren von Bagdad kommen Gewürze und Farbstoffe aus Indien, Rubine und Lapislazuli aus Zentralasien, Pelze, Falken und Brustpanzer – über Zwischenhändler – aus Skandinavien sowie Elfenbein, Gold und Sklaven aus Afrika an. Exportiert werden hingegen Reis, Weizen und Tuch aus Ägypten, Glas und Metalle aus Syrien, Papier aus dem Irak, Leder und Perlen aus Arabien und Seidenstoffe aus Persien.

Zwei Großmächte teilen sich im 6. Jahrhundert die Herrschaft über den Vorderen Orient. Da ist auf der einen Seite Byzanz, das Oströmische Reich, unter Justinian. Sein Herrschaftsgebiet erstreckt sich über die heutigen Staaten Türkei, Syrien, Libanon, Ägypten und Teile Jordaniens. In der Syrischen Wüste existierte im 3. Jahrhundert für kurze Zeit noch das kleine Wüstenreich der Königin Zenobia, die in Palmyra, der „Stadt der Palmen", residierte. Die zweite Macht ist das Sassanidische Reich der Perser unter dem Khosrau, dem König der Könige. Sein Einflußgebiet erstreckt sich im wesentlichen über den heutigen Iran und den Irak. Er ist in ganz Arabien wegen seines immensen Reichtums, seiner Elefantenarmee und vor allem wegen seiner Religion berühmt: des von Zarathustra begründeten Zoroastrismus, in dem das Prinzip des Guten dem Prinzip des Bösen gegenübersteht.

Die großen Wüstengebiete der Arabischen Halbinsel, die weitgestreckten Sandflächen des Nufud, der Rubʿ al-Ḫālī – das „leere Viertel", die „Wüste der Wüsten" – und die Gebirgsbarriere des Ḥiǧāz sind das Reich der Beduinen. Weder Perser noch Byzantiner versuchen dort ihre Herrschaft zu etablieren oder den Handel der Beduinen zu behindern. Zwar haben die beiden großen Reiche, deren Macht im 6. Jahrhundert im Niedergang begriffen ist, mit verschiedenen Nomadenstämmen Allianzverträge geschlossen, doch richten die Könige ihr Interesse vielmehr auf Südarabien …

Kaiser Justinian I. (links) herrscht 38 Jahre lang über Byzanz, von 527 bis 565. Unter seiner Herrschaft stehen die Künste in außergewöhnlicher Blüte. Zur gleichen Zeit ist das Sassanidische Reich der Perser unter König Khosrau (oben) auf dem Höhepunkt seiner Macht. Dieses mit Edelsteinen, Rubinen, Smaragden, Korallen und Türkis eingelegte Kamel (unten) aus ziseliertem Silber ist ein Beispiel für die sassanidische Kunst.

Als Königin von Palmyra regiert Zenobia im 3. Jahrhundert über Syrien. Sie macht im Jahr 272 den Fehler, sich gegen die römische Besatzungsmacht aufzulehnen. Zenobia wird besiegt und nach Rom gebracht, wo sie in Gefangenschaft stirbt. Trebellius Pollio beschreibt sie in „30 Tyrannen": „Sie hielt vor dem Volk Ansprachen im Stile der römischen Kaiser mit behelmtem Haupt, bekleidet mit einem purpurnen Umhang, dessen Fransen mit Perlen verziert waren und den eine Spange geschlossen hielt. Sie hatte eine matte, dunkle Gesichtsfarbe, schwarze Augen von unglaublicher Schönheit und einen lebhaften Blick mit einem göttlichen Schein. Sie war großzügig, aber in Grenzen. Oft ritt sie zu Pferde, und man sagt, daß sie gewöhnlich drei oder vier Meilen lange Fußmärsche mit ihren Truppen unternahm."

Die beiden großen Mächte rivalisieren um die Herrschaft über das Gebiet des heutigen Jemen. Südarabien, das „Arabia Felix" der Römer, das „Glückliche Arabien", ist schon seit vielen Jahrhunderten berühmt. Es ist das Königreich von Saba, von dem schon in der Bibel berichtet wird (1. Könige 10). Dort wird geschildert, wie die Königin von Saba mit ihren mit Gold und Gewürzen beladenen Kamelen zu König Salomon, dem Sohn und Nachfolger Davids auf dem Thron Israels, nach Jerusalem kommt. Noch bis heute sind die Bauwerke, die Befestigungs- und Bewässerungsanlagen im Jemen erhalten und zeugen von dem hohen Niveau der damaligen Zivilisation. Der Reichtum der Gegend stammt vor allem aus dem Handel mit Gewürzen und Weihrauch – beides sehr gefragte Waren in der Zeit ʿAbd al-Muṭṭālibs.

'Abd al-Muṭṭālib hat zweifellos nie die Bibel gelesen, aber er weiß, daß es in Arabien Juden und Christen gibt.

In vielen Oasen in Zentralarabien, in Ḫaybar und vor allem in Yaṯrib, leben jüdische Stämme, die Banū'l-Naḍīr und die Banū'l-Qurayẓa, die hauptsächlich Landwirtschaft betreiben. Aber die aktivsten Gemeinschaften befinden sich im Jemen in Südarabien. Das Judentum ist in diesem Gebiet sehr verbreitet, seit Ḏū Nuwās (Mann mit der hängenden Haarsträhne), Herrscher des himyaritischen Königreichs, sich zu Jahwe bekehrt hat. Er hat sogar die Nachbarvölker, die christlichen Araber von Naǧran, gezwungen, die Religion zu wechseln und Christus durch Jahwe zu ersetzen. Aber die Araber von Naǧran, einer Oase 400 km südlich von Mekka, haben die Bekehrung verweigert. Im weithin bekannten „Lied der Taf" wird erzählt, daß Ḏū Nuwās daraufhin 20000 von ihnen in Gräben habe werfen und lebendig verbrennen lassen.

Neben Propheten bringt die Wüste auch Poeten hervor. Im Unterschied zu den Propheten feiern die Dichter die diesseitige Welt. Als „Sprachrohr" der in Klans und Stämmen organisierten Gesellschaft der Wüste sind sie deren „Geschichtsschreiber", wie z. B. 'Ādī ibn-Zayd, ein berühmter christlicher Dichter, der am Hof des Königs von Ḥīra lebte. In den Gebieten der mit den Persern verbündeten Araber einerseits und den mit den Byzantinern alliierten, meist christlichen Beduinen andererseits, werden die Dichter besonders gefördert. Der berühmteste Hofdichter ist unbestreitbar Imru' l-Qays, der König von Kindar. Er ist in ganz Arabien berühmt. Seine Gedichte, die „*Qaṣīda*", in denen er der geliebten Frau nachweint, indem er den Spuren ihres Zeltlagers folgt, entflammen die Herzen der Beduinen durch ihre Empfindsamkeit. Für die hingerissene Zuhörerschaft

Die Illustrationen für die in Bagdad erschienenen „Maqāmāt" von al-Harīrī (1054 – 1122), gemalt 1237 vom Künstler Yaḥyā al-Wasītī, vermitteln ein recht zuverlässiges Bild vom Leben eines Moslems in wohlhabenden Verhältnissen.

ist das Magie: Nur Geister, die „Ǧinn“, können dem Dichter solche bezaubernden Formeln eingeben.

Die Beduinen wissen, daß das Wort viel ernster zu nehmen ist als das Schwert. Die über die ganze Wüste hin verbreiteten Verse der Dichter können eine glorreiche Tat unsterblich machen, aber auch die Ehre eines ganzen Geschlechts beflecken. Also wehe dem Stamm, der keinen Dichter hat.

Die Rede von al-Ḥarīrīs Helden Abū Zayd zeugt von einem Wortschatz und einer Redekunst von unnachahmlicher sprachlicher Vielfalt. Links, in einer seiner 50 Sitzungen, die „Gruppe im Gespräch“ genannt wird, sieht man al-Ḥāriṯ, einen Gefährten Abū Zayds, wie er sich unter einem Orakelbaum von seinen Freunden verabschiedet. Die Maqāma ist eine der literarischen Formen der arabischen Prosa. Das Wort „maqāma“ bezeichnet die Ansprache des Bettlers, des volkstümlichen Erzählers, der in der Tradition sehr beliebt war. Die Maqāma wird von den Arabern so sehr geschätzt wie die Geschichten aus „1001 Nacht“. Diese Erzählungen entspringen dem für die arabische Seele so charakteristischen Bedürfnis, Geschichten zu erzählen oder erzählen zu hören. So entsteht ein ganzer Schatz von Geschichten, ausgehend von Berichten aus Indien, Persien und Ägypten, die um Geschehnisse und Persönlichkeiten aus der arabisch-islamischen Vergangenheit bereichert werden. Daraus schöpfen die Erzähler auf den öffentlichen Plätzen seit undenklichen Zeiten.

Diese persische Illustration (links) aus dem Buch „Wunder der Natur und Einzigartigkeiten der Dinge der Schöpfung“ zeigt einen verzauberten Baum, den die Araber anbeteten, bevor sie von Mohammed bekehrt wurden.

Die Wüstenbewohner sind abergläubisch: Sie glauben, daß man die Ǧinn, boshafte kleine Geisterwesen, nicht verstimmen darf.

Die Ǧinn sind überall – in Quellöchern, Steinen, Bäumen –, und man sollte sie günstig stimmen, denn andernfalls geht man verhängnisvollen Ereignissen entgegen: Unfruchtbarkeit, Wahnsinn, Epidemien. Deshalb versucht man, die übernatürlichen Wesen mit Opfergaben zu versöhnen. Aber die Nomaden verehren auch andere Götter. ‘Abd al-Muṭṭālib wohnt in der Nähe eines Heiligtums, der Ka‘ba in Mekka, eines großen, steinernen, etwa würfelförmigen Gebäudes, in das der „Schwarze Stein“ (wahrscheinlich Lava oder Basalt) eingelassen ist. Es wird überliefert, daß Adam nach der Vertreibung aus dem Paradies eine erste Ka‘ba (Haus Gottes) gebaut habe. Nach ihrer Zerstörung durch die Sintflut soll sie dann von Abraham und seinem Sohn Ismael wieder aufgebaut worden sein, wobei sie auch den „Schwarzen Stein“, den der Engel Gabriel brachte, in die Südostkante des Gebäudes einfügten.

In der Ka‘ba werden hauptsächlich drei Göttinnen verehrt: al-Lāt, „die Göttin“ schlechthin, al-‘Uzza, „die Gewaltige“, und Manāt, die eine Schere hält, mit der sie die Schicksalsfäden der Menschen abschneidet. Ein weiterer wichtiger Gott in Mekka ist Hubal, eine Statue aus rotem Karneol. Die Ka‘ba ist darüber hinaus noch der Sitz von über 360 anderen Gottheiten. Die Bewohner Mekkas sind, was Religionsfragen angeht, außerordentlich tolerant. Sie haben all diese Gottheiten wie in einem Museum gesammelt, damit jeder Fremde seine eigenen Götter anbeten kann. Damit ist Mekka in ganz Arabien die Hochburg der Pilgerreise. Man kann sich die Zahl der Fremden vorstellen, die während der heiligen Monate Raǧab, Ḏu’l-qa‘da und Muḥarram feierlich um die Kultgegenstände herumwandeln.

Die Ursprünge der Ka‘ba (rechts auf einer Fayence) sowie die Epoche, in der sie gebaut wurde, verlieren sich in grauer Vorzeit. Das Wort „ka‘ba“ bedeutet Würfel und beschreibt die Form des Gebäudes. Es ist ungefähr 15 m hoch, die kürzere Seite ist 10 m lang, während die Fassadenseite 12 m mißt. Die Fassade, in der sich in etwa 2 m Höhe über dem Boden eine Tür befindet, ist nach Nordosten gerichtet. In ihre Ostkante ist der berühmte Schwarze Stein eingelassen. Die Ka‘ba ist aus blaugrauem Stein, der aus den Bergen der Umgebung Mekkas stammt, erbaut, und sie wird vollständig von einem schwarzen Behang, der „Kiswa“, bedeckt.

إن أول بيت وضع للناس للذي ببكة مباركا وهدى للعالمين
فيه آيات بينات مقام إبرهيم ومن دخله كان آمنا ولله على الناس
حج البيت من استطاع إليه سبيلا ومن كفر فإن الله غني عن العالمين

Am Ende des 6. Jahrhunderts leben in Mekka eine Handvoll reicher Kaufleute und eine ständig steigende Zahl armer Leute.

In einer Atmosphäre der allgemeinen wirtschaftlichen Spekulation ist das Leben in Mekka sehr teuer

geworden. Wenn auch ʿAbd al-Muṭṭālib ein den Beduinengesetzen treuer Karawanenführer geblieben ist, so haben doch viele Mitglieder der anderen Klans die steigende Pilgerzahl genutzt und eine Geschäftsaristokratie gebildet. Man nennt sie die Qurayš des Inneren. ʿAbd al-Muṭṭālib, der in der Nähe der Kaʿba wohnt, gehört zu ihrem Klan, auch wenn ihn seine Prinzipien davon abgehalten haben, selbst ein Vermögen zu machen. Dagegen genießen die Qurayš des Äußeren, die rings um die Oase von Mekka leben, sowie die anderen Einwohner Mekkas keinen so vorteilhaften politischen und wirtschaftlichen Status. Sie sind teils verschuldete und versklavte Beduinen, teils auch befreite, aber immer noch von ihren Herren abhängige Sklaven, teils bescheidene Handwerker, besitzlose Waisen und Menschen fremder Abstammung, die sich zum Christentum bekennen: Söldner, Schmiede, abessinische Sklaven, Weinhändler, Wasserträger, Schröpfer, Abenteurer.

Fast täglich nimmt die Armut in den Straßen Mekkas zu. Der wirtschaftliche und religiöse Verkehr kommt allein den reichen Kaufleuten zugute. Im Gegensatz zu ʿAbd al-Muṭṭālib respektieren sie das Gesetz der Wüste nicht und häufen beachtliche Reichtümer aus dem Handel mit den Pilgern und dem Gewinn der Karawanen, die nach Syrien und Jemen reisen, an. Das Wirtschaftsfieber hat die Gesellschaft sehr verändert: So werden weder Witwen und Waisen geschützt, noch ernährt man die Armen. Die Solidarität der Klans und Stämme, die *ʿAṣabiyya*,

Dank der Handelsbeziehungen dringt die Botschaft des Islam bis an die äußersten Grenzen der damals bekannten Welt. Der Verkehr von Menschen und Waren in Arabien steht am Anfang der wirtschaftlichen und geistigen Vorrangstellung der islamischen Welt des 10. Jahrhunderts. Aus den arabischen Karawanentreibern werden Seeleute und Geographen.

wird nicht mehr geachtet. Die goldenen Denare und die silbernen Drachmen beherrschen das Leben. Im Zug der sozialen Veränderung gelingt es sogar einigen Frauen, ihre Unabhängigkeit zu erlangen und auf eigene Rechnung Handel zu treiben.

Ein solcher Umsturz der beduinischen Traditionen weckt tiefgreifendes Unbehagen. Viele Menschen erwarten und erhoffen einen Mann, der eine neue Ordnung schafft und das haltlose Volk wieder eint.

'Abdallāh, dem Sohn 'Abd al-Muṭṭālibs, ist es bestimmt, der Vater des Propheten zu werden.

Im Jahr 570 ist 'Abd al-Muṭṭālib über 70 Jahre alt. Seine Kräfte schwinden. Seinem jüngsten Sohn, 'Abdallāh, den ihm Fāṭima, die Tochter des 'Amr aus dem Klan der Mahzūm, geschenkt hat, ist eine größere Ehre bestimmt, als jedem anderen seiner Kinder. Er scheint vom Schicksal bevorzugt zu werden, er scheint die „baraka" zu haben, die „göttliche Segnung". 'Abdallāh, der Mann Āminas, der Tochter des Wahb ibn 'Abd al-Manāf, wird sicher für eine zahlreiche Nachkommenschaft sorgen. Der Reichtum an Nachkommen soll die Armut ausgleichen, in welche die Familie 'Abd al-Muṭṭālibs geraten ist; denn der Klanchef der Hāšim ist so gut wie ruiniert.

Die Karawanen brechen schon vor Morgengrauen auf und ziehen mit stetigem Schritt an die zwölf Stunden pro Tag bei etwa 5 km/h dahin. Gelegentlich kehrt der müde Händler bei Einbruch der Nacht auf seinem Weg in einer der seltenen Karawansereien – eine Art primitiver Herberge – ein, wo er Zimmer für seine Kameltreiber und einen Pferch für seine Tiere vorfindet. Ansonsten schläft man unter freiem Himmel.

دیم اول الصوندوغک یرمشرقمیدرمغربمیدرشامیدر روم مدد
قنغی اقلیم درآنی سکا بلدورم دیدی امینه خاتون ایدر اوغلی
کوردم کیم اول لکلک و رتاسنه اَل صوندی بر حیران قلدوم
که بو شیمدی طوغان اوغلان سوزنجه فهم ایلدی اولو کیشی

Zweites Kapitel
DER MANN AUS MEKKA

Die Überlieferung umgibt die Geburt des Propheten mit vielen Geheimnissen und wunderbaren Vorkommnissen: Den Juden der Oase Yaṯrib – des zukünftigen Madīna – soll sie durch das Erscheinen eines Sterns am Himmel mitgeteilt worden sein, während die Magier Persiens, die Verehrer Zarathustras, das heilige Feuer ausgehen sahen, das seit 1000 Jahren in ihrem Tempel brannte…

Im Evangelium nach Johannes verkündet Jesus, daß er einen Parakleten („paracletos" gr. für „Anwalt") schicken werde. Die Moslems lesen „periclitos", „der Höchstgelobte", was auf arabisch „Muḥammad" heißt. Der Koran sagt daher, daß die Geburt Mohammeds von den vorherigen Propheten angekündigt worden sei.

Man erzählt sich auch, daß die Nacht von einem so starken Licht erhellt worden sei, daß Āmina, die Mutter Mohammeds, die Märkte von Damaskus wie am hellichten Tag sehen konnte. In Wirklichkeit kennt jedoch niemand, nicht einmal ʿAbd al-Muṭṭālib, das genaue Geburtsdatum Mohammeds. Man weiß nur, daß er im Jahr des Elefanten geboren wurde. Das Jahr heißt deshalb so, weil damals der abessinische Vizekönig des Jemen mit einer großen Armee, zu der auch ein Elefant gehörte, bis nach Mekka marschierte. Man neigt dazu, das Jahr des Elefanten auf 570 oder 571 festzulegen.

Der vaterlose Mohammed wird von seinem Großvater väterlicherseits aufgenommen und dann einer Pflegemutter in der Wüste anvertraut.

ʿAbdallāh ist das Glück, die Geburt seines Sohnes zu erleben, nicht beschieden. Er stirbt einige Wochen vorher auf einer Geschäftsreise nach Yaṯrib, das 350 km nordwestlich von Mekka liegt. Er hinterläßt seiner Witwe nur wenig: eine Sklavin, fünf Kamele und ein paar Schafe. Āmina bittet also ihren Schwiegervater ʿAbd al-Muṭṭālib um Unterstützung. Dieser holt den neugeborenen Enkel, bringt ihn zur Kaʿba, und nachdem er ihn zu seiner Mutter zurückgebracht hat, sucht er eine Amme für ihn.

Zunächst jedoch rasiert man Mohammed wie allen Neugeborenen den Kopf: Seine Haare werden auf eine Waagschale gelegt, und ihr Gewicht in Gold wird unter die Armen verteilt. Zwar wiegt das Haar eines Neugeborenen nicht viel, aber so will es die Tradition. Ebenso schreibt der Brauch vor, daß die Kinder der Würdenträger Mekkas von den Nomadenstämmen in der Wüste aufgezogen werden. Dafür gibt es gesundheitliche Gründe: Die Luft ist dort

Die Tradition berichtet von erstaunlichen Ereignissen, die die Geburt Mohammeds ankündigten. So wird berichtet, daß Engel die Kaʿba umgaben und mit Steinen nach den Ǧinn warfen, die alles ausspionieren, was sich in der Welt zuträgt. Man brauchte dem Neugeborenen die Nabelschnur nicht zu durchschneiden, denn die Vorsehung hatte schon dafür gesorgt. Der Säugling wurde von Engeln gewaschen, und die Frauen fanden ihn sauber wie Kristall. Zur großen Überraschung ʿAbd al-Muṭṭālibs, sagt die Überlieferung, hinterließ sein Enkel den gleichen Fußabdruck wie Abraham auf dem Schwarzen Stein der Kaʿba.

reiner, und das Kind wird stark und widerstandsfähig. Darüber hinaus gibt es auch gesellschaftliche Motive: Das Kind wird zum Milchbruder von Kindern eines anderen Stammes. Und Milchbrüder, d.h. Kinder, die von der gleichen Amme gestillt wurden, werden nach dem Gesetz der Beduinen wie Brüder gleichen Blutes behandelt. Noch heute gehen die Frauen armer Beduinen nach Mekka, um dort Kinder der reichsten Leute als Pfleglinge zu erhalten. So verbessern sie ihren Lebensunterhalt, doch in erster Linie knüpfen sie dadurch Verbindungen mit einflußreichen Leuten. Die Amme Mohammeds heißt Ḥalīma aus dem Klan der Banū Sa'd. Sie nimmt den Säugling mit in die bergigen Gegenden in der Nähe des Ṭā'if, wo er später mit seinem Milchbruder die Herden hüten soll.

Gleichzeitig mit Ḥalīma sind zehn Frauen aus dem Klan der Banū Sa'd nach Mekka gekommen, um Säuglinge in Pflege zu nehmen. Jede von ihnen findet auch einen, außer Ḥalīma, die nur wenig Milch hat. Als man ihr Mohammed bringt, ruft sie: „Ein Waise! Was können uns seine Mutter und sein Großvater schon geben!" Aber zuletzt entschließt sie sich doch, ihn zu nehmen. Sie gibt dem Kind die Brust, und die Milch fließt reichlich, wie bei der besten Amme.

Das Schicksal ist dem kleinen Mohammed nicht gut gesinnt: Er verliert die Menschen, an denen er hängt.

Mohammed ist sechs Jahre alt, als er aus der Wüste zurückkehrt, um mit seiner Mutter nach Yaṯrib zu ziehen. Eine kleine Karawane macht sich auf den Weg: fünf Kamele, eine Sklavin namens Umm Ayman, Mohammed und seine Mutter. In Yaṯrib gibt es für einen sechsjährigen Jungen, der aus Mekka kommt, eine Menge neuer Dinge zu entdecken. Es gibt dort sogar eine

Art See, in dem man baden kann. Doch vor allem haben die Leute in Yaṯrib viel mehr zu essen als in Mekka. Aber die Freude des jungen Mohammed ist nur von kurzer Dauer: Kurz nach ihrer Ankunft in der Oase stirbt seine Mutter. Nun ist er Vollwaise. Umm Ayman bringt den Jungen nach Mekka ins Haus seines Großvaters zurück.

'Abd al-Muṭṭālib ist mittlerweile ein ehrwürdiger Greis von fast 80 Jahren. Sehr schnell entwickelt sich zwischen dem Großvater und seinem Enkel eine tiefe Zuneigung. Zwei Jahre später zerstört jedoch der Tod 'Abd al-Muṭṭālibs die liebevolle Bindung: Im Alter von acht Jahren hat Mohammed keine direkten Verwandten mehr. Nun ist es an den Klanmitgliedern der Seitenlinien, sich um ihn zu kümmern. Also wird er von seinem Onkel 'Abd Manaf aufgenommen, der von derselben Frau geboren wurde wie Mohammeds Vater und seit dem Tod 'Abd al-Muṭṭālibs die Führung des Klans übernommen hat. Der Vormund Mohammeds, 'Abd Manaf, ist allgemein unter dem Namen Abū Ṭālib, „Vater des Ṭālib", bekannt: Die Araber sind so stolz auf ihre Söhne, daß der Vater eines Sohnes seinen eigenen Namen aufgibt, um den des Kindes mit dem Vorsatz „Abū" (Vater) anzunehmen. Abū Ṭālib ist ein rechtschaffener Händler. Aber er hat eine große Familie zu ernähren, und wenn er auch nicht gerade arm ist, so ist er doch auch nicht reich.

'Abd al-Muṭṭālib soll die Erziehung seines Enkels mit besonders großer Aufmerksamkeit verfolgt und den Lehrern strenge Zurechtweisungen erteilt haben, wenn der Junge sich beschwerte, wie man es auf dem Bild unten sehen kann. Die Mehrzahl der Quellen der islamischen Überlieferung behauptet jedoch, eine göttliche Offenbarung habe dafür gesorgt, daß der Prophet lesen und schreiben lernte.

In Bosra in Syrien erkennt ein christlicher Mönch als erster Mohammed als einen Propheten.

Abū Ṭālib nimmt seinen Neffen oft mit auf die langen Handelsreisen durch die Wüste. So kommen sie eines Tages in die Stadt Bosra, ein großes christliches Zentrum mit einer schönen Kathedrale. Auf Drängen der Kaiserin Theodora, der Frau Justinians, wurde hier im Jahr 543 sogar ein Bischof eingesetzt. Die Karawane hält in der Nähe einer Einsiedelei, in der ein Mönch namens Bahīrā lebt. Schon oft hat man an dieser Stelle gerastet, ohne daß sich der einzelgängerische Mönch deshalb veranlaßt gefühlt hätte, aus seiner Zelle herauszukommen. Aber dieses Mal bewegt die Gegenwart Mohammeds den Einsiedler dazu, mit den Karawanenführern zu reden. Er lädt sie sogar ein, sein Mahl mit ihm zu teilen. Im Traum hat er gesehen, wie eine Kamelkarawane sich näherte. Einer

Nach dem arabischen Geschichtsschreiber Ibn Hišām aus dem 8. Jahrhundert bestätigt der Mönch Bahīrā (oben) seine prophetische Vision folgendermaßen: „Er befragte den Gesandten Allāhs über das, was er wach oder im Schlaf empfand. Der Gesandte Allāhs antwortete. Bahīrā fand es alles getreu der Beschreibung, die er über ihn hatte. Dann besah er seinen Rücken und fand das Zeichen des Prophetentums zwischen seinen Schultern…"

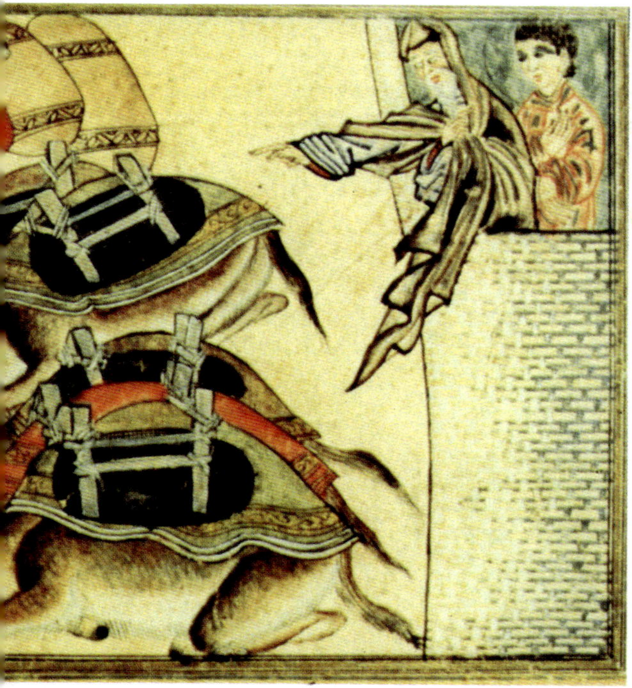

Der um das Jahr 834 gestorbene Ibn Hišām, dem wir die Legende von Bahīrā verdanken, ist ein Schüler Ibn Isḥāqs, der gegen 767 starb. Man geht erst 100 Jahre nach dem Tod des Propheten daran, seine Lebensgeschichte, die „Sīra", aufzuzeichnen. Das Werk wird viel später von Ṭabarī (gestorben um 923) fortgesetzt. Tausende von Ḥadīṯs, mündlichen Überlieferungen, die vier oder fünf Generationen nach den Ereignissen erzählt werden, müssen überprüft werden. So ist es nicht erstaunlich, daß über das Leben Mohammeds in Mekka verschiedene, zuweilen widersprüchliche Versionen vorliegen. Wenn man einen frommen Moslem darauf anspricht, so antwortet er gewöhnlich: „Du sprichst wahr, aber Gott weiß."

der Treiber trug einen Heiligenschein, und eine Wolke schwebte über ihm. Als er Mohammed sieht, erkennt Bahīrā den Kameltreiber aus seiner Vision. „Du bist der Gesandte Gottes, der Prophet, den mein heiliges Buch, die Bibel, ankündigt." Beim Abschied empfiehlt der Mönch dem Abū Ṭālib, gut auf das Kind aufzupassen: „Kehre mit ihm in dein Land zurück und nimm dich vor den Juden in acht, denn wenn sie in ihm sehen, was ich erkannt habe, dann werden sie ihm Übles antun wollen."

Der Mönch behält recht, nur mit dem Unterschied, daß Mohammed sich nicht gegen die Juden, sondern gegen sein eigenes Volk verteidigen muß. Doch im Moment ist Mohammed noch ein Junge, der gern an den Spielen seines Vetters ʿAlī, einem der Söhne Abū Ṭālibs, teilnimmt und für den es noch sehr aufregend ist, die Karawanen zum Markt zu begleiten.

Auf dem Markt der Stadt Okāẓ entdeckt Mohammed, daß in der Wüste Reden Gold ist.

Eine Versammlung junger Leute vor den Toren Mekkas. In dieser Maqāma des al-Harīrī (unten) wird an die Sorglosigkeit der Jugend Mekkas erinnert, die wenig geneigt war, den strengen Predigten Mohammeds zuzuhören.

Der Suk von Okāẓ, einige Kilometer von Mekka entfernt, ist der berühmteste Markt in ganz Arabien. Hier kann man Geschäfte machen wie sonst nirgendwo. Es kommt nicht selten vor, daß ein König aus Jemen ein Schwert oder ein reinrassiges Pferd schickt, damit es vom „Edelsten aller Araber" gekauft werde. Bei solchen Gelegenheiten baut man eine Bühne, und die Kaufwilligen stellen sich vor. Jeder erklärt in Versen, warum er sich für den „Edelsten" aller Araber hält. Schließlich entscheidet die Zuhörerschaft den Wettbewerb. Der Stamm mit dem besten Dichter hat die größten Gewinnchancen.

Der dichterische Wettbewerb um den Ruhm, die „Mufāḫara", dient nicht nur dem Kauf: In Okāẓ treffen alle arabischen Dichter aufeinander. Die Qaṣīdas der Sieger werden in Goldbuchstaben auf schwarzer Seide niedergeschrieben und ein Jahr lang innerhalb der Ringmauern der Ka'ba ausgehängt, damit jeder die Verse kennenlernt. Die preisgekrönten Gedichte erhalten den Namen „Mu'allaqāt", das heißt „die Ausgehängten".

Auf dem Markt in Okāẓ begreift Mohammed, daß bei den Arabern das Wort mehr gilt als Gold. Die auf Sand gebauten Paläste in Palmyra sind eingestürzt, die Städte werden eines Tages zu Ruinen, aber das Wort ist magisch. Mächtig und unsichtbar wie der Wind in den Dünen, kann es verändern und zerstören. Das Wort ist göttlich. Das wird Mohammed nie vergessen.

Durch seine Ehe mit Ḫadīǧa, die mit dem Klan der 'Abd al-'Uzzā' verwandt ist, wird der junge und besitzlose Mohammed zu einem reichen und mächtigen Mann.

Es scheint, daß Mohammed wegen seiner Armut länger unverheiratet bleibt, als es in seinem Milieu üblich ist. Er hat bei Abū Ṭālib bereits vergeblich um die Hand seiner Cousine Umm Hanif – bei den Beduinen gilt die Ehe zwischen Vettern und Cousinen als ideal – angehalten. Aber bald ist das Glück ihm hold. Ḫadīǧa, die Tochter Kuwaylid ibn Asads, ist inzwischen auf Mohammed aufmerksam geworden. Sie ist bereits zweimal verwitwet und wesentlich älter als er. Außerdem ist sie sehr reich und führt selbständig ihre Geschäfte.

Zu vorislamischer Zeit sind Märkte Gelegenheiten für Feste und Redewettbewerbe. Die Dichtkunst ist von bemerkenswerter Geschmeidigkeit und beeindruckendem Reichtum. Mit ihrem formstrengen Reimschema und Versmaß, mit abwechselnd langen und kurzen Silben ist die Qaṣīda ein langer Lobspruch auf den Stamm des Dichters. Der umfassende Aufbau des Werkes ist manchmal weniger wichtig als die Vollkommenheit eines einzelnen Verses.

Ihre Karawanen sind die größten in ganz Mekka. Diese vertraut sie Mohammed an, der sie nach Syrien bringen soll. Mohammed gefällt ihr, und so beschließt sie, ihn zu heiraten. Aber das ist mit ziemlichen Schwierigkeiten verbunden: Erstens ist sie fast 40 Jahre alt, und er ist erst 25. Dann ist Ḫadīǧa, im Gegensatz zu Mohammed, sehr reich. Daher stellt sich ihr Klan der Ehe mit allen Kräften entgegen. Und obendrein versteht Mohammed trotz aller Annäherungsversuche Ḫadīǧas nicht, daß die reiche Witwe ihn, ihren Angestellten, heiraten will.

Also bedient sich Ḫadīǧa der Vermittlerin Nafissa bint Monya, die dem jungen Mann auseinandersetzt, daß seine Arbeitgeberin ihn zum Ehemann will. Mohammed sagt zu, und die Hochzeit kann im Jahr 595 gefeiert werden.

Im Klan der Ḫadīǧa lernt Mohammed nun eine Reihe frommer und asketischer Männer kennen, wie z. B. Waraqa ibn Naufal, den Vetter seiner Frau. Er ist ein gelehrter Mann, der das Evangelium aus dem Syrischen ins Hebräische oder ins Arabische übersetzen kann. Zudem ist er ein „Ḥanīf", d.h. er neigt zum Monotheismus, ohne jedoch Jude oder Christ zu sein.

Der Historiker Ṭabarī überliefert die Erinnerungen der Nafissa bint Monya: „Ḫadīǧa sandte mich zu Mohammed, um ihn zu befragen. Ich fragte ihn: ‚Mohammed! Was hindert dich daran zu heiraten?' Er sagte mir: ‚Ich besitze nicht genug zum Heiraten.' Ich gab zurück: ‚Und wenn jemand genug für zwei hätte? Und wenn man dich zur Schönheit einlüde, zum Reichtum, zu einer ehrenhaften Stellung und zum Wohlstand, würdest du dann nicht annehmen?' – ‚Um welche Frau handelt es sich?' – ‚Um Ḫadīǧa.' – ‚Was muß ich tun?' – ‚Das besorge ich.' – ‚Und ich werde meinerseits handeln.'"

Der einzige Schatten auf Mohammeds Glück ist, daß ihm Ḫadīǧa keinen Sohn schenkt.

Nachdem Mohammed nun nicht mehr darauf angewiesen ist, seinen Lebensunterhalt im Dienste anderer zu verdienen, ist er vom armen Angehörigen einer Familie zu einer angesehenen Persönlichkeit geworden und kann endlich ein geruhsames Leben führen. Von nun an hat er keine materiellen Sorgen mehr. Aber das Schicksal spielt ihm erneut einen Streich: Zaynab, Ruqāyya, Fāṭima und Umm Kulṯum – Ḫadīǧa bringt nur Töchter zur Welt. Sie gebiert zwar auch Söhne, doch die sterben alle schon als Kleinkinder. Nun gilt es bei den Arabern als Schande, keinen Sohn zu haben, zumal die fast uneingeschränkte *Polygamie* erlaubt ist. Und ein reicher Mann wie Mohammed könnte sich jederzeit schöne junge Sklavinnen kaufen.

Aber Mohammed ist allein Ḫadīǧa verbunden. Er bleibt ihr zeit ihres Lebens treu. Statt eine andere Frau zu nehmen, adoptiert er deshalb zwei Jungen: seinen Vetter ‘Alī, den Sohn seines Onkels Abū Ṭālib, dessen Geschäfte schlechtgehen, und den Sklaven Zayd, den ihm einst Ḫadīǧa geschenkt hat, aus dem überwiegend christlichen Stamm der Kalb.

Drittes Kapitel

DER GESANDTE GOTTES

Mohammed ist jetzt 40 Jahre alt. Er hat sich angewöhnt, ganze Nächte zurückgezogen in einer Höhle im Hügel Ḥirā', der ein paar Kilometer von Mekka entfernt am Weg nach Ṭā'if liegt, zu verbringen. Der kahle Berg Ḥirā' ist ein Ort, der sich gut für die Meditation eignet, denn nichts, was die Seele ablenken könnte, gelangt bis dorthin.

Gabriel (Ǧabrā'īl auf arabisch, Gabrî'êl auf hebräisch, der „Geist der Heiligkeit") ist laut Bibel ein Erzengel, der auf die Erde geschickt wird, um Noah, Moses, Samuel und Daniel die göttliche Offenbarung zu überbringen. Nach islamischer Überlieferung bestehen Engel aus Feuer, Wasser und Luft. Sie essen und trinken nicht, noch heiraten und sterben sie.

In jener Nacht im Jahr 611 liegt Mohammed wie gewöhnlich in einer der Höhlen des Hügels, in seinen Mantel, die Burda, eingehüllt. Trotz der Kälte ist er eingeschlafen. Plötzlich weckt ihn ein Wesen, das von einer Wolke aus Licht umgeben ist, mit den Worten: „Trage vor im Namen deines Herrn, der erschuf, erschuf den Menschen aus klebrigem Tropfen…" *(96. Sure)*

Zu Tode erschrocken taumelt Mohammed, an allen Gliedern zitternd, den Hügel hinunter. Kalter Schweiß steht ihm auf der Stirn, ein Tuch verdeckt die verzerrten Züge seines Gesichts. Seine schwarzen Augen glänzen vor Fieber, seine Schultern werden von krampfhaften Schauern geschüttelt. Seine Verwirrung ist so groß, daß er mit dem Gedanken spielt, sich vom Steilhang eines Berges hinabzustürzen: Das Gefühl der Beklemmung läßt ihn nicht los.

Was hat dieser Mann gesehen, was hat er gehört, daß er so erschüttert ist? Satan? Fast glaubt er es. Oder war es im Gegenteil der Erzengel Gabriel, der Botschafter Gottes? Erst nach mehreren Offenbarungen glaubt Mohammed an seine Berufung. In jener Nacht ist seine Frau Ḫadīǧa die einzige, der er sich anvertrauen kann. Lange Zeit bleibt sie seine einzige Vertraute und steht ihm bis zu ihrem Tod unbeirrt zur Seite.

Der Berg Ḥirā', den man auch „Ǧabal an-Nūr", den „Berg des Lichts", nennt, erhebt sich im Nordosten von Mekka. Joseph Pitt, ein englischer Reisender aus dem 17. Jahrhundert, gibt eine gelungene Beschreibung der Hügel, in die sich Einwohner aus Mekka gewöhnlich zurückziehen. „Mekka ist von zahllosen, sehr nahe beieinanderliegenden, kleinen Erhebungen umgeben... Sie bestehen aus schwärzlichem Fels. Aus der Entfernung erinnern sie etwas an Heuhaufen." Mohammed befindet sich auf einem dieser Hügel, als er das von Gabriel offenbarte „Licht" wahrnimmt. Der Engel (linke Seite) verkörpert den Geist, „Rūḥ". Verschiedenen Berichten zufolge hat der Prophet gesehen, daß Gabriel 600 Flügel hat. Andere sagen jedoch, daß er für Außenstehende wie ein mittelstarker Mann aussah. Die Kommentatoren erklären dies dadurch, daß der Prophet einen Engel sah, der eine göttliche Offenbarung verkündete, während die anderen ihn nur als einen gewöhnlichen Menschen wahrnahmen.

Die Offenbarung ist eine Prüfung, aus der Mohammed jedesmal erschöpft und tief erschüttert hervorgeht.

Ḫadīǧa versucht ihn zu beruhigen. Aber Mohammed fürchtet, den Ǧinn zum Opfer gefallen zu sein, die die Seelen der Menschen entführen und dazu verdammen, ohne Sinn und Verstand in der Wüste umherzuirren. Da beschließt Ḫadīǧa, ihren Vetter Waraqa ibn Naufal, der die jüdischen und christlichen Schriften gut kennt, um Rat zu fragen. Der tröstet Mohammed, indem er seine Visionen mit denen anderer Propheten, wie etwa Moses, vergleicht. Andererseits beunruhigt er ihn aber auch, da er ihm ankündigt, daß ihn sein eigenes Volk verstoßen werde. Denn niemand hat jemals eine Offenbarung verkündet, ohne sich damit die Feindschaft vieler Leute einzuhandeln.

Nach und nach gewöhnt sich Mohammed an die Offenbarungen, die ihm auch weiterhin zuteil werden. Aber es ist jedesmal eine schmerzhafte und beschwerliche Prüfung. Er bleibt stundenlang bewußtlos, als wäre er betrunken, zittert und ist schweißgebadet. Er hört seltsame Geräusche wie Kettenrasseln, Glockenschläge oder Flügelrauschen. „Nicht ein einziges Mal", sagt er später, „wurde mir eine Offenbarung zuteil, ohne daß ich geglaubt hätte, man entrisse mir die Seele."

Allāh beauftragt Mohammed, das Wort Gottes für die Menschen zu rezitieren. So entsteht der Islam.

Wenn der Erzengel ihm nicht mehr nahe ist, empfindet Mohammed ein Gefühl der Trockenheit und Beklemmung, das auch die *Mystiker* gut kennen. Aber da hört der Vergleich auch auf, denn Mohammed vollzieht nur die ersten Schritte des mystischen Wegs. Was er erlebt, ist nicht die persönliche und intime Erfahrung mit dem Ziel, seinen Gott zu treffen und mit ihm eins zu werden. Er gelangt sehr bald zu der Überzeugung, daß er zum Propheten ausersehen ist, d.h. zum Vermittler, zum Sprachrohr, durch das Gott den Menschen verkündet, was er zu offenbaren wünscht.

Bis dahin hat Gott zwar direkt zu den Menschen gesprochen, doch die Gesetze, welche die Propheten Adam, Abraham, Moses und Jesus verkündet haben, wurden immer von Menschenhand niedergeschrieben. Mohammed soll jedoch wörtlich „rezitieren", was ihm die göttliche Stimme weiterzugeben befiehlt. Die feierliche

Allāh heißt auf arabisch Gott. Daneben gibt es noch 99 Namen, die die göttlichen Eigenschaften beschreiben. Manche sind auch bei uns bekannt, da sie moslemischen Jungen als Vornamen gegeben werden: Hakīm, der Weise, Karīm, der Großzügige, 'Azīz, der Mächtige, usw. Mit dem Islam erfolgt eine Wandlung der Schrift hin zu einer hochentwickelten Kunst, der Kalligraphie. Von nun an bewahren die Buchstaben des arabischen Alphabets das heilige Wort des Koran und dienen der Wiedergabe des Namens Allāhs und seines Propheten.

mündliche Rezitation vor einer Zuhörerschaft heißt im Arabischen „Qur'ān". Daher stammt der Name des Koran, des heiligen Buchs der Moslems.

Die Botschaft – und das ist das Neue – wird Mohammed in der Sprache der Poeten des Ḥiǧāz, die man in ganz Arabien versteht, offenbart. Mithin erhält die Sprache, in der Gott sich auszudrücken beschlossen hat, den Rang einer heiligen Sprache.

Das Wort „Islām" bedeutet „Ergebenheit in den Willen Gottes". Es ist ein Substantiv, das vom arabischen Verb „aslama" abstammt, welches soviel heißt wie „sich unterwerfen". Das Aktivpartizip dieses Verbs, „muslim", bezeichnet denjenigen, der sich unterwirft, der gehorcht: Daher die Begriffe „Moslem" oder „Muselman" im Deutschen.

Abū Bakr wurde wahrscheinlich wenig später als 570 geboren. Man nennt ihn später „Aṣ-Ṣiddīq", den rechtschaffenen Freund. Er ist tatsächlich der aufrichtigste Freund des Propheten. Als Moslem der ersten Stunde setzt er sein Vermögen dafür ein, zum Islam bekehrte Sklaven zu kaufen und freizulassen. Er begleitet Mohammed auch auf seiner Reise ins Exil nach Madīna. Dadurch, daß er seine sehr junge Tochter 'Ā'iša mit dem verwitweten Propheten vermählt, wird Abū Bakr zum Schwiegervater Mohammeds. Nach dem Tod des Propheten wählt man ihn zu seinem Nachfolger. Er ist der erste Kalif des Islam.

Sich Gott ergeben und ihm gehorchen, das ist das grundlegende Prinzip der Botschaft, die Mohammed zuteil wird. Er predigt, daß man sich Allāh zu unterwerfen hat, dem einzigen Gott, der allmächtig und in der Lage ist, die Toten aufzuerwecken und die Ungläubigen zu vernichten. Allāh wird beim Jüngsten Gericht die Guten voller Güte belohnen und die Schlechten erbarmungslos bestrafen. Das ist eine einfache Botschaft. Aber wie wird sie aufgenommen werden?

Mohammed versucht zunächst, die Mitglieder seines Klans zu bekehren. Aber er stößt auf Gleichgültigkeit, Verachtung und Feindschaft.

Seine ersten Schüler sind seine nächsten Verwandten und die Menschen in seiner unmittelbaren Umgebung: Ḫadīǧa, seine Frau, sowie ʿAlī und Zayd, seine beiden Adoptivsöhne. Außerhalb des Kreises derer, die zu seinem Haushalt gehören, ist der erste, der sich bekehren läßt, ein wohlhabender Händler namens Abū Bakr. Er ist ein angesehener Mann. Sein Mut und seine Besonnenheit werden allseits bewundert. Er ist drei Jahre jünger als der Prophet und wird ihm ein treuer Freund. Andere Anhänger findet Mohammed unter den jungen Leuten aus gutem Hause, die den einflußreichen Familien in Mekka angehören. Einer von ihnen ist z.B. ʿUṯmān ibn ʿAffān, ein eitler Mann, der sich eher um Fragen der Körperpflege als um die Religion sorgt. Böse Zungen in Mekka behaupten, daß seine Bekehrung hauptsächlich auf seine Zuneigung zu Ruqāyya, einer der Töchter Mohammeds, zurückgehe.

Doch neben den reichen Anhängern Mohammeds gibt es auch solche ohne Vermögen. Einer von ihnen ist Ḫabbāb ibn al-ʿArātt, ein Schmied. Einen noch niedrigeren Rang bekleidet der befreite Sklave Suhayb ibn Sinān, der wegen seiner blonden Haare „Rūmi", „Byzantiner", genannt wird. Am untersten Ende der sozialen Leiter bekehren sich schließlich Sklaven wie der Schwarze Bilāl, dem Abū Bakr das Leben rettet.

Als Bilāls Herr von dessen Bekehrung hört, befiehlt er ihm, wieder abzuschwören. Doch Bilāl weigert sich. Deshalb nimmt man ihm seine Kleider ab, schlägt ihn in Ketten und führt ihn vor die Tore der Stadt. In der Wüste wird er mit einem riesigen Felsblock auf der Brust, der ihm den Atem nimmt und jede Bewegung unmöglich macht, allein gelassen. Als Abū Bakr von Bilāls Qual hört, sucht er dessen Herrn auf und schlägt ihm vor, den sterbenden und unbrauchbaren Sklaven für einen sehr hohen Preis zu kaufen. Der Eigentümer nimmt das Angebot an, und Bilāl wird unmittelbar darauf freigelassen.

Mohammed wurde von Allāh beauftragt, zunächst seine engsten Verwandten zum Islam zu bekehren, d.h. die Kinder des ʿAbd al-Muṭṭālib. Der jetzige Chef des Klans ist Abū Ṭālib, jener Onkel, der ihn großgezogen hat. Doch Abū Ṭālib ist ängstlich und bringt nicht den Mut auf, die Religion seiner Vorfahren aufzugeben. Mohammed ist zwar von der Ehrlichkeit seines Onkels überzeugt, aber er ahnt, daß er nicht auf ihn zählen kann.

Der zweite wichtige Mann im Klan ist Abū Lahab, der Bruder Abū Ṭālibs, ein sehr reicher Kaufmann, dem daran gelegen ist, daß weiterhin Pilger nach Mekka kommen: Die Gewinne, die sie ihm einbringen, sind ebenso groß wie die, die er mit seinen Karawanen erzielt. Geschäft und Religion gehören für ihn zusammen, und die „Ausschweifungen" Mohammeds, seine Eingottlehre, sind eine Gefahr für den Wohlstand seiner Familie.

Das dritte Familienoberhaupt ist Ḥamza, ein Pferdebesitzer in der Wüste, der an den Ehrenkodex der Beduinen glaubt. In seinen Augen ist das Leben ein Kampf, ein einziger Beweis von Mut und Stärke, und er kümmert sich zunächst kaum um religiöse Fragen.

Was den vierten Klanchef angeht, ʿAbbās, der ist ein *Wucherer*, ein Mann, der in Ṭā'if, Mekka und Madīna Geschäfte macht. Auch er ist weit davon entfernt, an diesen einzigen Gott zu glauben, von dem sein Neffe redet.

Abū Ṭālib ist das Oberhaupt des Klans, dem Mohammed angehört. Deshalb beschweren sich die Würdenträger der Qurayš bei ihm über seinen Neffen Mohammed, da er für die religiöse Unordnung in der Stadt verantwortlich sei. Der alte Mann gibt dem Verlangen der Klanchefs nicht nach, und Mohammed genießt weiterhin seinen Schutz.

Die Qurayš versuchen alles, um Mohammed zum Schweigen zu bringen.

Mohammed ist zutiefst enttäuscht. Er hatte geglaubt, die Qurayš um sich scharen zu können – immerhin ist er einer von ihnen und obendrein reich. Statt dessen zieht er die Verachtung der Geschäftsleute auf sich: Wie kann es so ein Wichtigtuer wagen, von ihnen, den Mitgliedern eines berühmten Stammes, zu verlangen, die Religion ihrer Vorfahren aufzugeben und seine Botschaft als einzige Wahrheit anzunehmen? Aber trotzdem werden einige Klanmitglieder unruhig. Dieser Allāh, von dem Mohammed spricht, dieser einzige Gott, der keine Nachfahren hat und der von niemandem abstammt, wird er die Gottheiten und die Ǧinn dulden? Wird er nicht predigen, das Heiligtum, die Kaʿba, zu verlassen und die Pilgerreise, diese großartige Einnahmequelle, zu unterbinden?

Leben und Tod Mohammeds liegen in der Hand Abū Ṭālibs, des Klanoberhauptes. Solange der Prophet zum Klan gehört, müssen ihm alle Verwandten helfen und ihn schützen, auch wenn sie ihn nicht mögen. Wird aber Mohammed aus seinem eigenen Klan ausgestoßen, dürfen ihn seine Gegner ungestraft töten.

Abū Ṭālib, Sohn ʿAbd al-Muṭṭālibs und Halbbruder des Vaters des Propheten, erbt von seinem Vater die Ämter der „Siqāya" und der „Rifāda", der Versorgung der Pilger mit Wasser und Lebensmitteln. Aber er gerät in Schulden, und um seinen Verpflichtungen nachkommen zu können, tritt er seine Ämter an ʿAbbās, seinen Halbbruder, ab. Abū Ṭālibs Sohn ʿAlī wird berühmt, denn dieser Vetter Mohammeds ist nicht nur einer der ersten Moslems, sondern auch Schwiegersohn des Propheten, dessen Tochter Fāṭima er heiratet. Unter seinem Kalifat kommt es zur ersten Spaltung des Islam. Seine Parteigänger nennt man „Šiʿat-ʿAlī", „Schiiten".

So schicken einige Qurayš Abgesandte zu Abū Ṭālib und verlangen von ihm, Mohammed aus dem Stamm zu verstoßen. Nun ist Abū Ṭālib zwar nicht bekehrt, aber er weigert sich doch, seinen Neffen auszuliefern. Die Qurayš sind enttäuscht, geben jedoch deshalb noch nicht auf, sondern wenden sich direkt an Mohammed. Sie schicken eine Abordnung unter Utbah, einem besonnenen Mann, die ein eventuelles Einvernehmen anbahnen soll. Der nun spricht zu Mohammed: „Wir wissen, daß du ein vernünftiger Mann bist. Aber ich brauche dir wohl nicht zu sagen, welche Aufregung und welche Unordnung die von dir gepredigte Botschaft in der Stadt hervorruft. Worauf willst du hinaus? Verlangst du Geld? Wir geben es dir. Willst du Stadtoberhaupt werden? Wir sind bereit, dich dazu zu machen. Aber wir bitten dich, sage nicht mehr, daß unsere Gottheiten und alle, die sie anbeten, zu den ewigen Feuern der Hölle verdammt seien. Wenn du krank bist, wollen wir dir die besten Ärzte für Körper und Seele senden."

Mohammed hört sich die Rede ruhig an. Die Händler von Mekka haben nichts begriffen. Sie wollen nicht glauben, bleiben „Ungläubige". Sie verlangen, er solle Wunder vollbringen, sonst könnten sie nicht glauben. Er soll in der Wüste, die die Stadt umgibt, blaue Flüsse entspringen lassen wie die in Syrien, und er soll den Mond in zwei Stücke brechen. Erschüttert angesichts solcher Ungläubigkeit und traurig, weil er kein

Einvernehmen mit dem Stamm erreichen kann, antwortet ihnen Mohammed mit einem Zitat aus der göttlichen Offenbarung: „Was haltet ihr von al-Lāt, von al-'Uzzā' und von dieser Göttin Manāt? Hättet ihr wohl Söhne, wenn Gott nur Töchter hätte?" Damit hat Mohammed in den Augen seiner Stammesbrüder den Bogen überspannt: Man spricht nicht ungestraft auf diese Weise über die Göttinnen der Ka'ba.

Trotz der Hetze gewinnt Mohammed dank der Stammessolidarität die Unterstützung Ḥamzas und findet im Haus al-Arqāns Schutz.

Der Widerstand gegen Mohammed wächst. Seine Feinde beginnen, ihn zu verspotten und die Auferstehung der Toten und das Jüngste Gericht – grundlegende Elemente der Botschaft Allāhs – lächerlich zu machen. Sie verlangen das genaue Datum, wann dieses Gericht stattfinden soll. Außerdem fragen sie den Propheten, ob die Vorfahren, die die Gottheiten von Mekka verehrt haben, zu den Qualen des ewigen Feuers verurteilt werden? Doch meistens stellt man Mohammed keine Fragen, sondern beleidigt ihn, nennt ihn Wahrsager und Hexer. Er wird sogar beschuldigt, von den Christen und den Juden in der Stadt bestochen worden zu sein.

Außer den großen Prozessionen, die seit Jahrhunderten zu festgelegten Zeiten zahllose Menschen aus ganz Arabien versammeln, gibt es in Mekka fast jeden Tag eine rituelle Zeremonie, die einer der Gottheiten im Heiligtum gewidmet ist. Die Orte, an denen ihre Gegenwart sichtbar geworden ist, werden heilig gehalten. Der geläufigste Brauch, die 'Umra („kleine Wallfahrt") besteht darin, siebenmal um das Heiligtum herumzuwandeln. Durch seine Teilnahme zeigt jeder seine Zugehörigkeit zu seinem Klan, bekräftigt seinen Treueschwur und kann mithin dessen Schutz in Anspruch nehmen.

Mohammeds größter Widersacher ist Abū Ǧahl, der einflußreiche Chef des Klans der Maḫzūm. Glücklicherweise findet Mohammed unerwartete Unterstützung bei Ḥamza, seinem Onkel. Ḥamza ist ein armer und jähzorniger Mann, der zum Trinken neigt, aber stark und mutig ist. Eines Tages, als er von der Jagd aus der Wüste zurückkommt, hört Ḥamza, daß Abū Ǧahl, das Klanoberhaupt der Maḫzūm, Mohammed beleidigt habe. Er wird zornig, obwohl ihn religiöse Fragen kaum interessieren. Zudem steht er der Botschaft Mohammeds eher feindselig gegenüber, weil diese den Göttern der Vorfahren keinen Platz einräumt. Die Beleidigung seines Neffen kann der Onkel jedoch nicht zulassen. Denn wer sich an einem Mitglied des Klans vergreift, macht sich den ganzen Klan zum Feind. So reagiert Ḥamza nach Art der Beduinen. Er nimmt seine Waffen und sucht den Schuldigen. Er fordert Abū Ǧahl zum Kampf, verwundet ihn und erreicht sogar, daß dieser eingesteht, zu weit gegangen zu sein. Ḥamza selbst tritt anschließend aus Solidarität der kleinen Gemeinde von Moslems bei.

Die Stammessolidarität bewahrt zwar Mohammed vor den schlimmsten Verfolgungen, doch dafür werden seine Schüler beschimpft und angegriffen. Es wird gefährlich für Moslems, auf die Straße zu gehen, denn man bewirft sie mit Steinen. Mohammed hat sich jedoch vorbereitet, um den Verfolgungen ein Ende zu machen. Dabei unterstützt ihn al-Arqān ibn ʿAbdalmanāf vom Klan der Maḫzūm, der ebenfalls dem Stamm der Qurayš angehört. Al-Arqān bietet den Anhängern der neuen Religion trotz der Feindschaft seiner Klanbrüder den Schutz seines Hauses an.

Es ist bezeichnend, daß Mohammed Asyl bei al-Arqān sucht: Die Solidarität des Klans des Propheten beginnt zu bröckeln. Und das Leben in Mekka wird immer schwieriger, denn das Geschäft Ḫadīǧas ist ruiniert, und die finanzielle Lage auch seiner Schüler verschlechtert sich zusehends.

Ibn Isḥāq beschreibt Abū Ǧahl, der auf der Abbildung von Ḥamza geschlagen wird: „Sobald er davon hörte, daß ein Mann zum Islam übergetreten war, der dem Adel angehörte und den Schutz seines Klans genoß, tadelte und schmähte er ihn mit Worten: ‚Du hast den Glauben deines Vaters, der besser war als du, verlassen. Wir werden dich für blöde und schwachsinnig erklären und dein Ansehen zugrunde richten.' Wenn es ein Händler war, drohte Abū Ǧahl, sein Geschäft zu boykottieren und sein Vermögen zu vernichten. War es ein Mann aus dem niedrigsten Stand, dann schlug er ihn und hetzte die anderen gegen ihn auf."

Angesichts der Verfolgung sehen sich viele Moslems gezwungen, ins Exil zu gehen.

Im Jahr 615 rät der Prophet einigen Moslems, nach Abessinien zu fliehen. Geführt von Ǧafar, einem Vetter Mohammeds, dem Sohn Abū Ṭālibs und Bruder ʿAlīs, zieht eine kleine Gruppe, zu der auch ʿUṯmān ibn ʿAffān, seine Frau

Ruqāyya und ein paar andere gehören, in Richtung des heutigen Äthiopien. Aus Arabien kommend, müssen sie das Rote Meer überqueren. Sie werden vom Negus, dem christlichen König, empfangen, dessen Weisheit dem Land Reichtum und Gedeihen gebracht hat.

Sind die Leute, die der Prophet auswandern läßt, noch zu schwach im Glauben? Oder besteht in Mekka eine Rivalität zwischen ʿUṯmān und dem bedächtigen Händler Abū Bakr, dessen Ratschläge Mohammed treulich befolgt? Einige sehen in dieser Auswanderung eine Lösung, entstehende Konflikte im Keim zu ersticken, oder sogar einen Vorwand, gewisse Gläubige loszuwerden, deren Ansichten von denen Mohammeds abweichen.

Fest steht jedenfalls, daß mit dieser ersten Auswanderung eine Sympathie zwischen Moslems und Christen entsteht. Die zwischen den Abessiniern und den Arabern

Abū Bakr verausgabt sich ständig, um seine Gleichgestellten von der neuen Religion zu überzeugen. Hier (unten) steht er vor den Klanchefs und beschwört sie, auf Mohammed zu hören und in den neuen religiösen Lehrsätzen keine sektiererischen Abirrungen zu sehen, sondern die Zukunft Mekkas und ganz Arabiens. Ein vergebliches Unterfangen. Sie sind weder durch seine jugendliche Begeisterung noch durch seine Redekunst im Alter zu überzeugen.

geknüpften Beziehungen sind so herzlich, daß einige Moslems, wie z. B. aš-Šukrān ibn 'Amr, sich unter dem Eindruck der abessinischen Kirche und des christlichen Kultes zum Christentum bekehren. Aš-Šukrāns Frau Sauda sucht nach der Bekehrung ihres Mannes Zuflucht im Haus Mohammeds in Mekka. Die anderen Auswanderer folgen bald darauf ihrem Beispiel und kehren zu den in Arabien gebliebenen Moslems zurück.

Die Bekehrung 'Umars, des einst entschiedenen Gegners des Islam, gibt den Gläubigen neuen Mut.

Während einige Moslems aus Mekka nach Abessinien fliehen, setzt eine Gruppe von etwa 40 Männern und 20 Frauen den Kampf im Haus al-Arqāns fort. Ständig stehen Wachen vor der Tür, denn mehrmals schon sind die Moslems überraschend angegriffen worden, während sie im Inneren waren: Die Qurayš sind außer sich über die Bekehrungen, die sie nicht verhindern können, und werden immer aggressiver. Das geht so weit, daß ein Mekkaner, 'Umar ibn al-Ḫaṭṭab, beschließt, Mohammed mit eigener Hand zu töten.

Mohammed empfiehlt den Gläubigen, mit den Abessiniern Freundschaft zu schließen. Er steht bereits im Briefwechsel mit dem Kaiser von Äthiopien, dem ehemaligen Abessinien, dessen Macht bis ins Arabia Felix reicht. Der Negus empfängt die mit Verbündungsvorschlägen eintreffenden Botschafter. Unter den Vertrauensleuten des Propheten wird besonders 'Umar nach seiner Bekehrung mit den diplomatischen Reisen beauftragt.

Er ist ein ernstzunehmender Gegner, denn er ist äußerst stark. Er ist so groß, daß er sich jedesmal bücken muß, wenn er in ein Haus eintreten will. Mit gezogenem Schwert begibt sich ʿUmar zum Haus al-Arqāns, dem Versammlungsort der Moslems. Als er unterwegs von seinem Vorhaben erzählt, antwortet man ihm, er solle sich lieber um seine eigene Familie kümmern. Auf diese Weise erfährt ʿUmar, daß sogar seine Schwester Fāṭima mit ihrem Mann zum Islam übergetreten ist. Er kehrt um und geht

ʿUmar Ibn al-Ḫaṭṭāb gehört zu einem weniger einflußreichen Klan von Mekka, den Banū ʿĀdi Ibn Kaʿb. Nach dem Tod Mohammeds und Abū Bakrs wird er zum Kalifen gewählt. Mit ihm wird der Islam von einer unbedeutenden Episode der arabischen Geschichte zu einer weltweiten Erscheinung. Niemand verdient mehr als ʿUmar den Beinamen „der heilige Paul des Islam", den ihm die westliche Welt gegeben hat. Unter seinem Kalifat entstehen zahlreiche politische Einrichtungen. Die Vorschrift der Pilgerreise sowie die Zeitrechnung nach der Hiğra werden unter ihm eingeführt.

nach Hause, wo er den Schmied Ḫabbāb vorfindet, der Fāṭima und ihrem Mann aus dem Koran vorliest. Als Ḫabbāb 'Umars Schritte hört, versteckt er sich in einem anderen Raum. Aber 'Umar hat Stimmen gehört. Er will wissen, wer dagewesen ist. Erbost über das schuldbewußte Verhalten seiner Schwester, die sich weigert, ihm zu antworten, schlägt er sie und verletzt sie am Kopf. Doch als er das Blut sieht, empfindet er aufrichtige Reue. Er verlangt zu lesen, was er gerade gehört hat. Der Text scheint ihm so erhaben, daß er voller Begeisterung zum Haus al-Arqāns läuft und sich bekehren läßt.

Noch ahnt niemand, daß er in Zukunft ein beispielhaftes Leben führen und nach dem Tod Mohammeds einer der berühmtesten *Kalifen* des Islam werden wird. Worauf es im Moment ankommt, ist, daß die Bekehrung 'Umars der jungen Gemeinschaft neue Lebenskraft gibt. Die Bekehrung des stolzen Mekkaners ermutigt die Anhänger so sehr, daß sie es jetzt wagen, ihre Gebete in aller Öffentlichkeit in der Nähe der Ka'ba zu verrichten. Ihre Art zu beten unterscheidet die Gläubigen deutlich von den übrigen Einwohnern Mekkas, doch ist ihre Gemeinschaft noch nicht eigentlich organisiert.

Im Koran wie auch in den späteren Werken über die Geschichte des Propheten, den „qiṣāṣ al-Anbiyyā'" – „Nabi" bedeutet Prophet, der Plural ist „Anbiyyā'" –, wird Mohammed in eine Prophetenreihe eingegliedert. Sie fängt mit Adam an, ihr letzter Vertreter ist Mohammed. In der Aufzählung fehlen die großen Propheten des Alten Testaments: Hosea, Hesekiel, Jesaja und Jeremias. An ihre Stelle treten Lot, Joseph, Salomon und Hiob. Jesus und Johannes der Täufer sind die letzten Propheten vor Mohammed. Die große Neuheit im Koran ist, daß Abraham und Ismael als Patriarchen der Araber betrachtet werden.

619 ist das Jahr der Trauer für Mohammed: durch den Tod seiner Frau Ḫadīǧa und den seines Onkels Abū Ṭālib.

Ḫadīǧa stirbt im Alter von 65 Jahren. 25 Jahre lang war sie Mohammeds Gemahlin, treue Ratgeberin, Schatzmeisterin, Lebensgefährtin und Lenkerin des Gewissens gewesen – und nicht zuletzt auch seine erste Schülerin. Ihr Tod stürzt Mohammed in tiefe Trauer. Aber das Leben muß weitergehen, er muß seine Töchter großziehen. Also heiratet er Sauda, die Gläubige, die bei ihm Zuflucht gesucht hatte, nachdem ihr Mann in Abessinien Christ geworden war. Darüber, ob sie Witwe oder geschieden ist, steht nichts Genaues in den Schriften. Sie ist eine gute Hausfrau, zwar nicht attraktiv, aber in der Lage, sich um die Kinder zu kümmern.

Zwei Tage nach Ḫadīǧas Tod stirbt auch Abū Ṭālib im Alter von fast 90 Jahren. Für Mohammed ist Abū Ṭālibs Tod sehr folgenschwer, da er nun keinen Beschützer mehr hat. Denn nun übernimmt Abū Lahab die Führung des Klans der Hāšim. Und Abū Lahab ist ein erbitterter Gegner des Propheten. Denn hat Mohammed nicht gerade

behauptet, daß sich ʿAbd al-Muṭṭālib und Abū Ṭālib zusammen mit allen anderen Götzendienern in den Flammen der Hölle befänden?

Seine eigene Familie der Hölle zu überantworten, ist für die Araber eine Mißachtung der Vorfahren, das schlimmste Verbrechen überhaupt. Damit steht das Urteil über Mohammed fest: Er wird ausgestoßen und ist vogelfrei, weil er den Kodex nicht geachtet hat. Ein Ausgestoßener ist gesellschaftlich ein toter Mann: Jeder kann mit ihm machen, was er will, ihn töten, verkaufen oder foltern, ohne die Rache des Klans fürchten zu müssen. Von nun an wird die Lage für Mohammed untragbar. Seine Gegner werden immer aggressiver, seine Nachbarn bewerfen ihn mit Schafdung, während er betet. Ein Nichtsnutz streut ihm sogar Sand auf den Kopf... Es wird Zeit, Mekka den Rücken zu kehren.

Die Bestattung Abū Ṭālibs ist Anlaß zu einer beeindruckenden Demonstration des religiösen Zusammenhalts der Mekkaner. Man befolgt die überlieferten Riten zur Ehrung Verstorbener und verbietet Mohammed und seinen Schülern, dem Toten auf ihre Art die letzte Ehre zu erweisen. Endgültig ausgestoßen, suchen sie ihr Heil in ʿAqaba.

Nachdem er in Ṭā'if verfolgt wird und in Mekka isoliert ist, predigt Mohammed nun für die Pilger. Dabei trifft er auch auf Leute aus Yaṯrib.

Im Sommer des Jahres 620 drängen sich zahlreiche Pilger um die Kaʿba. Während Mohammed Anhänger unter den Fremden in Mekka sucht, trifft er sechs Männer aus der Stadt Yaṯrib. Sie sind sehr von Mohammeds Persönlichkeit beeindruckt und laden ihn ein, nach Yaṯrib zu kommen, um in den zahlreichen Konflikten in der Stadt zu vermitteln.

Im Jahr darauf kehren fünf dieser sechs Männer zurück, begleitet von sieben anderen. Somit sind es zwölf, wie die zwölf Apostel Jesu. Sie treffen sich auf einem Bergzug in der Nähe von Mekka, wo sie verschiedene Fragen diskutieren. Im „Schwur von ʿAqaba" bittet Mohammed die Bewohner von Yaṯrib, ihn zu beschützen wie ihre eigenen Töchter und Frauen. Das ist die klassische Eidesformel für Leute, die zu keinem Klan gehören und um die Aufnahme in eine Gemeinschaft bitten. Daher wird der „Erste Schwur von ʿAqaba" auch das „Weiberabkommen" genannt. Dieser Schwur ist von großer Bedeutung. In der arabischen Gesellschaft, in der sich der einzelne durch seine Vorfahren und seinen Stammbaum definiert, schneidet Mohammed freiwillig alle Bindungen zu seiner eigenen Familie ab. Er dokumentiert dadurch, daß das alte Stammesgesetz überholt ist. Nicht mehr die Bindungen des Blutes zählen, sondern die des Bündnisses – eines Bündnisses, das auf einem gemeinsamen Ideal beruht. Der Stammesbegriff wird vom Begriff der Gemeinschaft, der *Umma*, abgelöst.

Im Jahr 622 schwören 75 Pilger aus Yaṯrib – 73 Männer und 2 Frauen – Mohammed in der Schlucht von ʿAqaba, daß sie für ihn kämpfen werden. Es ist der „Eid des Krieges", der „Zweite Schwur von ʿAqaba". Damit ist Mohammed nicht Stammesoberhaupt, sondern wie Moses der Führer eines Volkes.

Die Stadt Yaṯrib ist von Stammesfehden zerrissen. Mohammed soll als Schiedsrichter fungieren.

Yaṯrib, 350 km nordöstlich von Mekka, ist eine sehr alte Stadt, die schon im 6. Jahrhundert vor unserer Zeitrechnung in einer babylonischen Schrift erwähnt wird. Zur Zeit Mohammeds leben dort ungefähr 3000 Menschen. Da sind zunächst die drei jüdischen Stämme, die Qurayẓa, die Naḍīr und die Qaynuqāʿ, die die arabischen Sitten und Gebräuche weitestgehend angenommen haben und einen arabischen Dialekt sprechen. Daneben gibt es zwei große arabische Stämme in der Stadt, die Aus und Ḫazraǧ.

All diese Stämme bekämpfen sich untereinander – in wechselnden Allianzen. Im Moment sind es Aus und Ḫazraǧ, die sich bis aufs Blut bekriegen. Schließlich bitten einige Bewohner von Yaṯrib Mohammed um Hilfe. Er soll zwischen den Stämmen vermitteln und dem endlosen Bruderkrieg ein Ende machen.

Die Oase von Yaṯrib ist reich, da es ergiebige unterirdische Wasservorkommen gibt. Daher gedeihen die großen Palmen- und Obstgärten; ganz anders als in Mekka, wo rundum keine Landwirtschaft möglich ist. Yaṯrib dagegen lebt vom Dattel- und Getreideanbau, die Bevölkerung besteht zum großen Teil aus Bauern und kaum aus Geschäftsleuten. Doch daraus entstehen auch die Konflikte. Seit jeher verachten die Beduinen die seßhaften Bauern, überfallen sie und rauben sie aus. Es kommt zu Blutrache und Gegenblutrache – ein endloser

Teufelskreis. Die ständigen Auseinandersetzungen bewirken auch, daß der für beide Seiten lebensnotwendige Austausch von Fleisch und Feldfrüchten zum Erliegen kommt. Darüber hinaus ist der Wohlstand der Stadt gefährdet, und man hofft allgemein auf die Vermittlung Mohammeds.

Das Wort „'Aqaba“ bedeutet Bergstraße und im weiteren Sinn einen schwer zugänglichen Platz. Zahlreiche Orte tragen diesen Namen. Darunter ist der am bekanntesten, der zwischen Mina und Mekka liegt. Hier, wo sich Mohammed mit den Abgesandten aus Yaṯrib trifft, liegt eine Oase mit vielen Wasserläufen. Diese fließen jedoch nur zur Regenzeit, wenn der Grundwasserspiegel so ansteigt, daß Quellen und Brunnen in großer Zahl sprudeln. Madīna ist nicht die einzige von Bächen bewässerte Stadt. Das in der Höhe gelegene Ṭā'if ist als blühender Erholungsort bekannt. Doch gerade von dort wird Mohammed mit Steinwürfen vertrieben. Das ist eine herbe Enttäuschung, denn er denkt in der ersten Zeit daran, von Mekka nach Ṭā'if auszuwandern.

مكة
الطائف
الحجاز
الجحفة

VIERTES KAPITEL

DAS JAHR 1 DER HIĞRA

Im Jahr 622 verläßt Mohammed seine Heimatstadt Mekka, um nach Yaṯrib ins Exil zu gehen. Diese sogenannte „*Hiğra*“, die „Auswanderung“, steht am Anfang der neuen islamischen Zeitrechnung. Schon seit drei Monaten haben sich die Schüler des Propheten nacheinander auf den Weg nach Yaṯrib gemacht. Mohammed bricht im September als einer der letzten auf.

Um die Brunnen, Springbrunnen und Bäder von Madīna herum liegen die Karawansereien und Moscheen. Nach diesem Muster werden die ockerfarbene Stadt Marrakesch, Algier („die Weiße“), Damaskus und andere moslemische Städte gebaut.

Noch am Morgen seiner Abreise Anfang September entgeht Mohammed einem Mordanschlag: Als Leute aus Mekka kommen, um den Propheten im Schlaf zu töten, liegt sein Vetter ʿAlī an seiner Stelle im Bett. Mohammed selbst ist bereits geflohen. Seine Feinde lassen ʿAlī am Leben und nehmen die Verfolgung Mohammeds auf. Zusammen mit einem Führer haben sich Mohammed und sein treuer Freund Abū Bakr in Richtung Süden davongestohlen, in die entgegengesetzte Richtung von Yaṯrib. Die Mekkaner fallen jedoch nicht auf die List herein, sondern folgen ihren Spuren.

Die Legende erzählt, daß die beiden Männer, in einer Höhle versteckt, schon fast entdeckt sind, als ein Wunder geschieht: Während eine Taube in aller Ruhe in dem Höhleneingang ihre Eier bebrütet, durch den Mohammed und sein Freund kurz vorher gegangen sind, spinnt eine Spinne ihr Netz darüber. Als die Mekkaner das Netz sehen, ziehen sie weiter, da sie glauben, daß schon lange niemand mehr die Höhle betreten habe. Nach drei Tagen stellen sie schließlich die Suche ein.

Mohammed und Abū Bakr halten während der Hiğra Rast. Bis sie zur Oase Yaṯrib gelangen, müssen sie noch mehrere Ruhepausen einlegen. Überdies gilt es, sich während des Zugs durch die Wüste vor den Beduinen in acht zu nehmen, mit denen die Oasenbewohner seit undenklichen Zeiten in offenem Konflikt leben.

Mohammed, Abū Bakr, der befreite Sklave sowie ein Führer brauchen fast einen Monat, um bis nach Yaṯrib zu gelangen.

Die Beduinen – von „badiyya", Steppe – brauchen die in den Oasen wohnenden Bauern zum Überleben. Trotzdem behandeln sie sie mit Verachtung. Die Oasenbewohner, die auf ihren Feldern arbeiten, sind Opfer der unablässigen Plünderungen durch die Wüstennomaden.

Nachdem sie sicher sind, daß die Verfolger aufgegeben haben, schlagen die Fliehenden den Weg nach Yaṯrib ein. Solange Mohammed in Mekka lebte, stand er unter dem Schutz desjenigen, der ihn aufnahm. In der Stadt Yaṯrib wird er von ihren Einwohnern beschützt. Aber zwischen beiden Städten kann sein Blut ungestraft vergossen werden. Daher nimmt die Karawane der Flüchtlinge einen Umweg in Kauf und erreicht ihren Bestimmungsort erst Ende September.

Die vier Männer – Mohammed, Abū Bakr, ein freigelassener Sklave und der Führer – durchqueren das Dorf Ṯāniyat al-Wāda, einen Nachbarort Yaṯribs, und gelangen in die kleine Stadt Qubā'. Dort hält Mohammed noch einmal an und bittet Abū Bakr, ihm die Kamelstute zu verkaufen, auf der er bis hierher geritten ist. Abū Bakr hatte die Tiere gekauft, und Mohammed liegt viel daran, auf

Karte von Arabien im 7. Jahrhundert

seinem eigenen Reittier in Yaṯrib einzuziehen. Abū Bakr ist einverstanden, und der Prophet zahlt ihm 400 Dirham. So geht die Kamelstute des Propheten mit dem Namen Qaswa, „die, der ein Viertel des Ohres abgeschnitten ist", in die Geschichte ein.

Die Hiǧra: ein geographischer, psychologischer, sozialer und politischer Einschnitt.

Wie der Koran berichtet, erreicht Mohammed die Stadt Qubā' im Süden von Yaṯrib, „als die Sonne im Zenit steht". Seit über zehn Tagen erwartet ihn die Bevölkerung, vor allem aber vermissen ihn seine vor ihm abgereisten Schüler, die sich die größten Sorgen um ihn machen. Mittags, als die glühende Sonne senkrecht steht, gehen die Leute in ihre Häuser – außer einem Mann, einem Juden, der in seinem Palmenhain arbeitet. Er sieht die Flüchtlinge, läuft in übergroßer Freude durch die Straßen und ruft dabei so laut er nur kann: „Seht, euer Glück kommt!" Männer, Frauen und Kinder kommen auf die Straße. Dieser Tag ist der Beginn einer neuen Zeit.

Hiǧra bedeutet nicht Flucht, sondern Auswanderung. Sie ist mehr als eine einfache geographische Ortsveränderung, es handelt sich vielmehr um einen Bruch mit Familie und Klan und um die Schaffung einer neuen Gemeinschaft, der Umma. Daher hat die Hiǧra in der Geschichte des Islam einen ganz besonderen Stellenwert. Sie teilt die Zeit in zwei Abschnitte. Vor ihr lag die Zeit der Stammesorganisation, nach ihr beginnt die Ära des Islam, der gleichermaßen eine religiöse Botschaft wie auch die Organisation der Gemeinschaft der Gläubigen umfaßt.

Mohammed erreicht die Oase Yaṯrib am 24. September 622 christlicher Zeitrechnung. Die Tradition legt jedoch den Beginn des Jahres 1 nach der Hiǧra nicht auf den Monat September, sondern auf den 16. Juli fest, den ersten Tag des Mondjahres. Während die christliche Zeitrechnung, die auf dem Julianischen Kalender beruht, die Zeit in Sonnenjahren zählt, mißt die islamische Zeitrechnung sie in Mondjahren, die nur 354 Tage zählen und mithin elf Tage kürzer sind als das Sonnenjahr. Der 16. Juli 622 ist somit die Zeitenwende für alle Moslems, danach beginnt das Jahr 1 der Hiǧra.

In der 4. Sure, „Die Frauen", Vers 100, kann man über die Hiǧra lesen: „Wenn einer um Gottes Willen auswandert, findet er auf der Erde viel Gelegenheit, sich aus seiner bisherigen Umgebung zurückzuziehen." Die Auswanderung des Propheten geht nicht ohne Schwierigkeiten vonstatten. Der Koran erinnert daran in der 9. Sure, „Die Buße", Vers 40: „Wenn ihr ihm keinen Beistand leistet, kann er doch auf die Hilfe Gottes rechnen. Gott hat ihm ja schon damals Beistand geleistet, als die Ungläubigen ihn selbzweit vertrieben. Damals, als die beiden in der Höhle waren, und als er zu seinem Gefährten sagte: ‚Sei nicht betrübt! Gott ist mit uns.'"

Yaṯrib wird zur Stadt des Propheten und erhält den Ehrennamen „al-Madīna“, „die Stadt“.

Al-Madīna (Medina) ist nicht das, was wir uns heute unter einer Stadt vorstellen. Über eine weite Fläche verstreut stehen vereinzelt Häuser, nur hin und wieder liegen einige Hütten nahe beieinander, inmitten von Palmen- und Obstbaumplantagen.

Zunächst muß Mohammed sich entscheiden, wo er sich niederlassen soll. Die Gastfreundschaft einer Familie anzunehmen, heißt Gefahr zu laufen, die anderen neidisch zu machen. Und es bedeutet auch, seine Freiheit aufzugeben. So bleibt der Prophet zunächst zwei oder drei Tage in Qubā' und versucht, die Situation abzuschätzen. Qubā' liegt auf einer Anhöhe im Süden der Oase. Ganz in der Nähe leben die jüdischen Stämme. Deshalb hält Mohammed auch Qubā' nicht für den geeigneten Ort, um sich endgültig einzurichten. So bricht er eines Morgens auf, in Richtung der weiter nördlich gelegenen Landstriche.

Die Überlieferung berichtet, daß er seiner Kamelstute die Zügel freigegeben und den Umstehenden erklärt habe: „Laßt dieses Reittier gehen, denn es hat einen göttlichen Auftrag erhalten.“ Sich selbst überlassen, irrt das Tier lange durch die Gassen, bis es sich schließlich mitten auf einem leeren Platz in der Stadt niederläßt, der zwei Waisen gehört. Gewöhnlich rasten dort die durchziehenden Karawanen, denn das unbewirtschaftete Gelände dient nur zum Trocknen von Datteln. So kauft Mohammed das Stück Land und läßt darauf sein Haus bauen.

Die Moschee ist die Kultstätte schlechthin. Sie dient aber auch weltlichen Aktivitäten und Versammlungen.

Zwei Monate später steht ein recht einfaches Gebäude aus Steinen und in der Sonne getrockneten Lehmziegeln. Das erste Heiligtum der Moslems, das man „Masğid“ nennt, ist entstanden. Der Begriff „Masgeda“ bezeichnet in der Sprache der Nabatäer und auf syrisch den Ort, wo man sich niederwirft. Im Deutschen ist daraus das Wort *Moschee* geworden.

Ein mit Sand und Kies bestreuter, rechteckiger Innenhof ist mit Mauern aus Ziegeln umgeben. An der Nordseite trägt eine Reihe von Palmstämmen ein Dach aus Lehm und Palmblättern. Im Osten werden zwei Hütten gebaut, für 'Ā'iša und Sauda je eine.

Das von den Gefährten des Propheten errichtete Bauwerk war sehr schlicht. Dennoch ist der bescheidene Bauplan das Vorbild für die großen Moscheen von Kairo, Kairuan, Damaskus und anderen moslemischen Städten. In jeder Moschee befindet sich ein offener Innenhof, umgeben von überdachten Gängen und von Galerien. Daneben gibt es einen großen Gebetssaal, in dessen hinterer Wand der „Mihrab“ (eine Mauernische) die „Qibla“, die Richtung der Ka'ba, anzeigt. Für die bedeutenden Moscheen baut man beeindruckende Dächer mit außerordentlich reich verzierten Kuppeln. Denn der Koran lehrt: „Das Dach, das Gott der Welt gegeben hat, hat Er mit vielfältigen Lichtern erhellt.“

عرق اوچمق برله قاریشجاق اکا نه مسك بکزیه و نه عنبر بکزیه دیدی
اندن فاطمة الزهرا ایتدی نعم بکا اتام اویله ایدردیکم یا فاطمه اجمعیه

Mohammed hat inzwischen noch ʿĀʾiša geheiratet, die neunjährige Tochter seines Freundes Abū Bakr, die von ihrem Vater schon vor drei Jahren für den Propheten bestimmt worden war. Mohammed selbst hat keine eigene Wohnung. Er wohnt abwechselnd bei seinen Frauen. Nach arabischer Sitte hält er sich meist im Innenhof auf, wo er die Abgesandten der verschiedenen Stämme empfängt, geschäftliche Verhandlungen führt und Predigten hält.

Dort werden im Krieg auch die Gefangenen bewacht, und man vertreibt sich die Zeit bei spielerischen Gefechten mit Lanze und Schild. Außerdem schlafen auch die Gefährten des Propheten im Innenhof. Und schließlich trifft man sich dort regelmäßig zum gemeinsamen Gebet.

Während der ersten Zeit gibt Mohammed die Hoffnung nicht auf, die Juden für seinen Glauben gewinnen zu können, da ihre Religion der seinen sehr nahe verwandt ist. Es ist eine Geste für die Juden, wenn sich die Gläubigen beim Beten in Richtung Jerusalem wenden.

Aber die vor der Ankunft Mohammeds herrschende Begeisterung der Medinenser weicht bald gemischteren Gefühlen. Da gibt es die „Heuchler“, die „Munāfiqūn“, die vorgeben, die islamische Botschaft anzunehmen, in Wirklichkeit aber kein Wort davon glauben. Sie unterscheiden

In Madīna spricht der Prophet von einer hölzernen Kanzel zu den Gläubigen. Alle Moscheen haben ein solches Podium, zu dem man über ein paar Stufen hochsteigt. Es heißt „Minbar“. Im Jahr 7 der Hiğra baut der Prophet sein Minbar. Er gibt ihm zwei Stufen und den Sitz, den „Maqʿad“, eine Art höhergestellten Thron. Am Morgen nach dem Tod Mohammeds nimmt Abū Bakr auf dem Minbar Platz und empfängt dort die Huldigung der Gläubigen.

sich von den „Helfern“, den „Anṣār“, aufrichtigen Moslems von Madīna, die mit den Emigranten aus Mekka, den „Muhāğirūn“, verbündet sind. Obwohl die Anṣār zahlreicher und wohlhabender sind als die Emigranten, zögern sie nicht, mit Mohammed ein Bündnis einzugehen, das ihm den Rang eines Anführers verleiht.

Dank dieses Bündnisses, das unter dem Namen „Verfassung von Madīna“ bekannt ist, gelingt es Mohammed, seinen Einfluß auszudehnen. Das geschieht vor allem dadurch, daß er Abkommen mit den jüdischen und arabischen Stämmen schließt.

Als Oberhaupt der Gläubigen, aber auch als Stadtoberhaupt, wird Mohammed zu einem waffentragenden Propheten, um seiner Autorität Respekt zu verschaffen.

Die Stämme, die in das Bündnis eintreten, bilden einen Bund, dessen Mitglieder sich gegenseitig zu schützen haben. Das garantiert eine Sicherheit durch Gegenseitigkeit. Diejenigen, die sich der neuen Macht nicht unterordnen – wie z.B. die Leute von Mekka –, sind „Kāfirūn“, „Ungläubige“, während die Anhänger der neuen Religion „Muslimūn“ genannt werden, Moslems.

Die Juden werden dabei nicht ausgeschlossen, auch sie können jederzeit an dem Pakt teilhaben. Ein Artikel der „Verfassung“ besagt: „Wenn einer der Juden uns folgt, so hat er ein Recht auf die gleiche Hilfe, auf die gleiche Unterstützung wie die Moslems, vorausgesetzt, er fügt ihnen keinen Schaden zu.“

Mithin handelt es sich um eine Gemeinschaft, die sich nicht aus einzelnen Individuen zusammensetzt, sondern aus verschiedenen Gruppen. Da gibt es Auswanderer aus Mekka, Helfer und jüdische Stämme aus Madīna... Jede Gruppe hat ihren eigenen Anführer. Die Ordnung wird allein durch die Furcht vor der Rache der anderen Mitglieder der Umma aufrechterhalten. Soweit ist die Struktur typisch arabisch. Das Besondere daran ist jedoch die außergewöhnliche Persönlichkeit Mohammeds. Er ist der unumstrittene Führer der ausgewanderten Qurayš, aber er ist auch das Oberhaupt aller Gläubigen, die einer anderen Gruppe angehören. Als Anführer und gleichzeitig Prophet verfügt er über eine moralische Autorität, die sich zu wirklicher Macht entwickelt. Um diese aber zu festigen, braucht man Waffen...

Der Prophet wird oft von den Gläubigen eingeladen und weist solche Einladungen nie zurück. Ein Grundnahrungsmittel sind Datteln, die man mit Gerstenbrot verzehrt. Es wird nur wenig gekocht. Das Fleisch wird gegrillt oder in Scheiben geschnitten und in der Sonne getrocknet. Aus in Milch gekochtem Mehl bereitet man Suppen zu wie die „Ḥarīra". Fügt man noch Fleisch hinzu, heißt sie „Madīra". Schließlich gibt es noch den „Sawīq", eine Grütze aus getrockneter Gerste, Wasser und dem Fett von Schafschwänzen. Der Islam bringt keine tiefgreifenden Veränderungen der arabischen Ernährungsweise mit sich, schreibt aber das rituelle Ausbluten der Schlachttiere vor und verbietet den Genuß von vergorenen Getränken.

دوزلدی ذوق وصفالر اولدی اولولو حرمتی تمام یرینه کلدی
بوکز مدینه یهودیلرینه خبر اولدی انلر دخی باشقه برجماعت
ایدی جمیع اولادی ایله انلر دخی طشره کلدیلر ارمون بن قیطون

Der machtlose Flüchtling aus Mekka wird zu einem stolzen Eroberer.

Seit seiner Ankunft in Madīna hat sich Mohammed grundlegend gewandelt. Aus dem verfolgten Opfer ist ein Anführer geworden, den man durchaus zu fürchten hat. Diese Wandlung mag überraschend erscheinen, ist aber sehr leicht zu erklären. Die harten Jahre in Mekka haben ihn gelehrt, Zähigkeit zu entwickeln und sich in den verschlungenen Streitigkeiten der Klans und Stämme zurechtzufinden. Mohammed weiß, daß Mekka auf einen baldigen Zusammenbruch zusteuert. Er braucht nur den richtigen Zeitpunkt abzuwarten, bis die von Konflikten zerrissene Stadt in seine Hände fällt.

Zudem wird der Charakter Mohammeds in den uns zur Verfügung stehenden Quellen über die Zeit in Mekka als recht sanft und resignierend dargestellt, was er eigentlich nie war. Man sollte auch bedenken, daß die Vorstellungen, welche die Christen von einem Religionsgründer haben, stark vom Bild Jesu als „Lamm Gottes" geprägt sind.

Doch man weiß, daß Mohammed unter den Beduinen in der Wüste aufgewachsen ist und jahrelang Kamelkarawanen getrieben hat. Daher kannte er die Gefahren, die von Wegelagerern ausgingen. So besaß Mohammed wohl nie die Sanftheit eines Jesus, der lehrt, man solle auch die linke Wange bieten, nachdem man auf die rechte geschlagen wurde. Zudem hatte ja auch Jesus keine allzu sanfte Natur: Die Vertreibung der Händler aus dem Tempel mit der Peitsche läßt zumindest daran zweifeln…

Mohammed ist bei all seiner religiösen Überzeugung und bei seinem tiefen Glauben nie ein Mystiker gewesen, der all sein Denken und Trachten nur auf den Himmel richtet. Sein Prophetenamt beruht auf einem soliden Gleichgewicht zwischen religiöser Erfahrung und weltlichem Handeln. Wäre das nicht der Fall gewesen, hätten die Menschen von Madīna in ihm sicher nicht den starken Mann gesehen, der in der Lage war, die Ordnung in ihrer Stadt wiederherzustellen. Das Reich Mohammeds ist sehr wohl von dieser Welt. In Madīna hat man das bereits gespürt. In Mekka wird man es bald merken.

Das Eintreffen Mohammeds in Madīna ist ein Ereignis, das mit einem Festmahl gebührend gefeiert werden muß. Dieser traditionsgemäße Beweis der arabischen Gastfreundschaft ist eine heilige Pflicht, sogar für die Armen. Schon vor dem Islam schlachtet man seine einzige Kamelstute zu Ehren seines Gastes, dem man dann die besten Stücke serviert. Lieber nimmt man Entbehrungen auf sich, um ihn zu bewirten, als daß man von sich sagen läßt, man sei geizig. Wenn heute noch der Gastfreundschaft, der Großzügigkeit und dem Mut ein so hoher Stellenwert eingeräumt werden, so liegt das daran, daß sich darin das in der Wüstengesellschaft so wichtige Ehrgefühl am deutlichsten zeigt.

Stehend beten

„Das Wort des Imam, der vor dem Mihrab in der Moschee das Gebet leitet, ist auch das göttliche Wort, das der Muezzin psalmodiert, wenn er hoch oben vom Minarett zum Gebet ruft. Das göttliche Wort dringt so vom Inneren der Moschee nach außen oder vereinigt gleichsam Innen und Außen, die beide für einen Moslem, wie auch das Heilige und das Weltliche, nur zwei verschiedene Sichtweisen der gleichen Gemeinschaft sind."

Roger Garaudy, „Der Islam ist Teil unserer Zukunft"

Geheime Winkel der Seele

„Gott sei mein Zeuge!
Daß keine Sonne weder auf- noch untergeht,
Ohne daß Deine Liebe eins werde mit meinem Lebenshauch,
Und daß ich mich nicht absondere, um mich mit anderen zu unterhalten,
Ohne daß du meine Unterhaltung mit anderen wärest,
Und daß, ob traurig oder freudig, ich Dich nicht anrufe,
Ohne daß Du in meinem Herzen wärest mitten unter meinen Zweifeln,
Und daß ich mich vor Durst nicht anschicke, Wasser zu trinken,
Ohne daß ich ein Bild von dir in meinem Becher sähe.
Ach, wenn ich könnte, ginge ich zu Dir.
Auf meinem Gesicht laufend oder auf meinem Kopf gehend!“

Ḥallāǧ
(Ende des 9. bis Anfang des 10. Jahrhunderts),
„Mystische Gedichte“

Der Ruhm Allāhs

„Er ist es, der mich rühmt in dem Augenblick, in dem ich Ihn rühme.
Er ist eine Wesenart, in der ich es bin, der Ihn erkennt,
Während ich Ihn in den ewigen Daseinsformen verleugne.
Aber da, wo ich Ihn leugne, ist Er es, der mich kennt.
Wenn ich es bin, der Ihn kennt, dann betrachte ich Ihn.
Wie könnte Er derjenige sein, der sich selbst genügt,
Wo doch ich Ihm beistehe und Er zu Hilfe kommt?"

Ibn 'Arabī
(Ende des 12. Jahrhunderts), „Gedicht über das Gebet"

Die Stimme der Wüste

„Das islamische Denken hat sich von den großen kulturellen Wandlungen ferngehalten, die in der westlichen Welt seit dem 16. Jahrhundert stattgefunden haben. Es hält weiterhin am Verborgenen in der Analyse der religiösen Pflichten fest. (...) Der Begriff des Verborgenen (Gayb) nährt eine Weisheit, lähmt aber gleichzeitig das Denken, wie man in der Erklärung von al-Gazālī (12. Jahrhundert) über den irrationalen Charakter der Pilgerriten feststellen kann: ‚Was den Ḥağğ betrifft, daran nehmen die Seelen nicht teil, die Natur erkennt sich nicht darin, der Verstand entdeckt nicht seine Bedeutungen: Es ist allein das göttliche Gebot, das zur Ausführung drängt.' "

Mohammed Arkoun, „Koranlesungen"

دوشدي رضي الله عنها اني اول غزايه بيله الدي
كتدي ودخي مجموع اصحاب ياتيله براغله عزم ايلديلر
اندن يوله كرديلر كتدلر پس تقدير رباني وامر
سبحاني انوك كبي اولديكم يولده اول لشكر كيدر كن

FÜNFTES KAPITEL

DER KRIEGER VON MADINA

Schon wenige Monate nach ihrer Ankunft in Madīna befinden sich Mohammed und die Auswanderer in einer ausweglosen Situation: Als sie ihre Heimatstadt Mekka verließen, haben auch die Reichsten unter ihnen nur einen Notgroschen mitgenommen. Sie können keine Felder bewirtschaften, da sie ihnen nicht gehören, aber sie können auch nicht auf Dauer von der Gastfreundschaft der Moslems von Madīna abhängig bleiben. Um das Überleben seiner Gemeinschaft sicherzustellen, nimmt Mohammed eine alte Tradition der Wüste wieder auf…

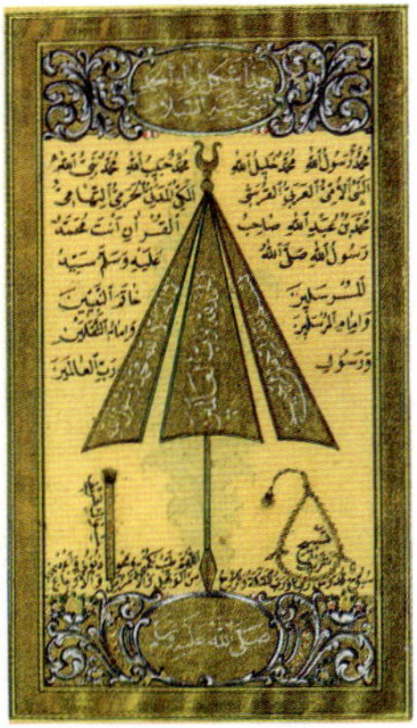

Die Standarte des Propheten, Emblem seiner kriegerischen Macht. Im Kampf entfaltet jede Einheit ihr Banner, die „Rāya“. Der Oberbefehlshaber führt seine eigene Fahne, die „Liwā’“, die in der Nähe seines Zeltes aufgestellt wird.

Die Ansiedlung von etwa 75 Fremden in Madīna ist eine schwere Belastung für die Familien der Anṣār. Trotz deren Großzügigkeit werden die Auswanderer vom Hunger gequält und von Krankheiten heimgesucht. Die meiste Zeit ernähren sie sich nur von Datteln und Wasser. Im Winter macht ihnen das feuchte Klima Madīnas, das sie von ihrem Geburtsort nicht gewöhnt sind, schwer zu schaffen. Sie bekommen Fieber und Ruhr, Abū Bakr und ein paar andere sogar Malaria.

Angesichts der schwierigen Lage reagiert Mohammed wie ein Beduine. Er sieht nur eine Lösung: die *Razzia.* Das ist ein Handstreich, der vom Kamelrücken aus durchgeführt wird (das Pferd wird fast nur in Rennen eingesetzt). Dabei erobert man in der Regel Vieh und Kamele, und nur selten fordert der Angriff Todesopfer. In ersteren Fällen kann eine Razzia in einen offenen Kampf ausarten, der dann mit Blutvergießen und dem Raub von Frauen und Kindern verbunden ist. Doch im Grunde ist sie nur eine Erscheinung eines aufs Überleben ausgerichteten Wirtschaftssystems. Daher ist sie ein normaler Aspekt des Lebens in der Wüste. Allerdings ist es für die Auswanderer nur bedingt möglich, die Karawanen der Beduinenstämme, deren Weg in der Nähe von Madīna vorbeiführt, zu überfallen: Diese sind oft mit den Anṣār aus Madīna befreundet. Ein Angriff auf sie bedeutet, auch das Einvernehmen mit den Medinensern aufs Spiel zu setzen. So bleiben nur die Karawanen der Händler von Mekka, die auf dem Weg nach Syrien etwa 100 km von Madīna entfernt vorbeiziehen...

Von der ersten Razzia unter Mohammeds Führung an ist klar, daß die Stimme Gottes gegenüber dem Brauch der Wüste Vorrang hat.

Im Dezember 623 machen die Auswanderer ihre erste Razzia, plündern eine Karawane und bringen im Triumphzug Beute und Gefangene nach Madīna. Man nennt diesen Vorfall den „Überfall von Naḫla". Aber ein Mann aus Mekka ist getötet worden. Der Mord ruft große Bestürzung in der Gemeinschaft von Madīna hervor, denn er ist in einem heiligen Monat begangen worden, dem Rağab, in dem das Blutvergießen verboten ist. Der Waffenstillstand in den Pilgermonaten wird von allen eingehalten. Die durch diese Tat entstandene Mißbilligung ist groß, aber eine göttliche Offenbarung erklärt die von den Mekka-

Die Araber kennen die Kriegs„kunst“ der Byzantiner und Perser noch nicht. Ihre Kampftechniken sind nicht besonders ausgefeilt, und sie besitzen nur einfachste Waffen. Sie reiten auf Meharis – schnellen, für Rennen dressierten Kamelen – oder auf Pferden, kämpfen aber auch zu Fuß. Wahre Meister sind sie im plötzlichen Angriff, in Störmanövern gegen die Feinde und im schnellen Ausweichen. Auf dem Schlachtfeld kämpfen sie in Klans. Speere und Lanzen sind die Waffen für den ersten Ansturm, das Krummschwert wird im Nahkampf eingesetzt.

nern begangenen Sünden für schwerwiegender als den in einem heiligen Monat begangenen Mord. Damit stellt die Botschaft Mohammeds den göttlichen Zweck über die Bräuche der Wüste.

Insgesamt ist der Überfall von Naḫla nur ein bescheidener Sieg. Um die finanziellen Bedürfnisse der Auswanderer zu befriedigen, muß man zu größeren Unternehmungen übergehen. Eine wirklich gute Gelegenheit bietet sich Mitte März 624, im Jahr 2 nach der Hiğra, als eine Karawane mit 1000 Kamelen auf dem Rückweg von Gaza vorbeikommt. Sie wird von mehreren Dutzend Händlern vom Stamm der Qurayš unter der Führung Abū Sufyāns begleitet und transportiert Waren im Wert von über 50000 Dinar. Nachdem der Zug gemeldet worden ist, legt Mohammed mit 314 Mann – 83 Mekkaner und 231 Medinenser – einen Hinterhalt in der Nähe des Brunnens von Badr, wo die Route nach Syrien die Küste verläßt und ins Landesinnere nach Mekka führt und wo auch ein Weg nach Madīna abzweigt.

Die Schlacht von Badr, die die Qurayš 74 Tote und 40 Gefangene kostet, die Truppen Mohammeds dagegen nur 14 Tote, geht als der erste große Sieg des Propheten in die Geschichte ein. Von nun an spricht man nicht mehr von der Razzia, sondern vom Heiligen Krieg, dem „Ǧihād“, gegen die Feinde Allāhs. Die im Kampf gefallenen Moslems erhalten den Titel „Šāhid“, Märtyrer oder Zeuge Gottes. Die Beute geht zu einem Fünftel an den Propheten.

Zum ersten Mal siegt der Islam durch Waffengewalt. Zum ersten Mal auch wird den Händlern von Mekka der Wagemut des Propheten und die Überzeugtheit seiner Gefolgsleute bewußt. Sie sehen die Gefahr, die ihnen selbst und ihren Geschäften droht. Für die Moslems da-

Die kleine Stadt Badr liegt in einer Ebene, die von Hügeln und Sanddünen umgeben ist, zwischen denen sich die Angreifer aus Madīna verstecken, um der Karawane aus Mekka aufzulauern. Der Prophet läßt alle Brunnen mit Sand füllen, außer einem, der dem Schlachtfeld am nächsten liegt. Er bittet Allāh um Regen. Die Überschwemmung soll den Boden schlammig und somit für die Männer aus Mekka unbegehbar machen.

gegen steht es nunmehr außer Zweifel, daß Allāh seine Engel zu Mohammeds Unterstützung geschickt hat. Das Prinzip des Ǧihād, des Kampfes in Allāhs Namen, hat seine grundsätzliche Rechtfertigung erhalten. Die Qurayš werden als Ungläubige bezeichnet. Mohammed predigt offen eine siegreiche, neue Religion, die sich nun auch eindeutig vom Juden- und Christentum abhebt. Der Islam, die letzte prophetische Offenbarung, wird für die Moslems zur höchsten und endgültigen Offenbarung Gottes.

Das Wort Ǧihād bedeutet „auf ein bestimmtes Ziel gerichtete Anstrengung". Für die Gläubigen ist es eine Übung zur Selbstüberwindung mit dem Ziel, sich moralisch und religiös zu vervollkommnen. Rechtlich gesehen ist es eine bewaffnete Handlung, die auch der Ausbreitung des Islam, doch vor allem seiner Verteidigung dient. Das Prinzip des Ǧihād muß jedoch mit einem anderen in Einklang stehen: der Toleranz gegenüber den „Religionen des Buches", des Christentums und des Judentums.

Die Moslems erfahren eine bittere Niederlage auf dem Berg Uḥud.

Erst im Frühling des Jahres 625 gehen die Bewohner Mekkas daran, sich von der Schande von Badr reinzuwaschen. Mit 3000 Mann, darunter 200 Berittene, marschieren sie gegen Madīna. 700 Qurayš tragen Kettenhemden, ein sehr wirksamer Schutz gegen die damaligen Waffen. Es ist eine richtige Armee, an deren Spitze Abū Sufyān

Die Bewaffnung des arabischen Kämpfers besteht aus mehreren Hauptausrüstungsstücken: dem Schild, der aus Leder oder aus Holz besteht (Leder bietet allerdings wegen seiner mangelnden Härte weniger Schutz); dem Helm, oft aus Eisen, dessen Helmbusch den hinteren Teil erhöht; dem Kettenhemd und dem Brustpanzer, die einen Dichter zu folgendem Ausspruch anregten: „Als du dich ins Handgemenge warfst in deinem Brustpanzer und dein Gesicht mit deinem Kettenhemd verschleiertest, da hielten wir deine Gestalt für die Morgensonne, über die man einen bernsteinfarbenen Schleier gelegt hatte." Über Lanzen und Säbel soll der Prophet gesagt haben: „Pflegt eure Lanzen und Bögen. Durch sie wurde dem Propheten der Sieg zuteil, durch sie weiteten sich eure Eroberungen aus."

steht. Ihm zur Seite kämpft der Kavalleriekommandant von Mekka, Ḫālid ibn al-Walīd, ein begabter Stratege.

Mohammed beschließt, den Feind am Fuß des Berges Uḥud außerhalb der Stadt zu erwarten. Während er aber glaubt, 1000 Mann unter seinem Befehl zu haben, machen 300 Munāfiqūn einen Rückzug. Trotz dieser Schwächung beginnen die Kämpfe. Die Truppen aus Mekka sind fast besiegt, als die Parteigänger Mohammeds, die die Schlacht für gewonnen halten, sich unter Mißachtung der Befehle auf die Beute stürzen. Die Mekkaner nutzen die Gelegenheit, die entblößte Flanke der Medinenser anzugreifen, die bald fällt. Während die Frauen aus Mekka ihre Männer anfeuern, indem sie die Namen der Opfer von Badr rufen, stürmen die Qurayš über die Ebene und töten alle Verwundeten. Ḥamza, der Onkel des Propheten, wird vom Speer eines abessinischen Sklaven durchbohrt, dem sein Herr die Freiheit versprochen hat. Hind, die Frau Abū Sufyāns, schneidet Ḥamzas Leiche auf, reißt ihm, der ihren Vater in Badr getötet hat, die Leber heraus und ißt sie auf. Dem Propheten selbst hat ein Stein einen Zahn ausgeschlagen und die Lippe gespalten. Das Blut läuft ihm übers Gesicht.

Doch die Mekkaner nutzen ihren Sieg nicht völlig aus. Zweifellos wollen sie damit zeigen, daß ihre Aktion nur gegen Mohammed und die Auswanderer gerichtet ist, und nicht gegen Madīna. Die Position des Propheten in Madīna wird ohnehin kritisch: Juden, Heiden und Munāfiqūn erheben wieder ihre Häupter, und nur der Zusammenhalt seiner Getreuen erlaubt es Mohammed, erneut Herr der Lage zu werden.

Der arabische Helm hat kein Visier und schützt deshalb das Gesicht nicht. So trägt Mohammed in der Schlacht von Uḥud Gesichtsverletzungen davon.

Trotz des Verrats der Munāfiqūn gelingt es Mohammed, die Ungläubigen vor den Toren Madīnas aufzuhalten.

Zwei Jahre später, im März des Jahres 627, verbreitet sich in Madīna das Gerücht, daß Truppen aus Mekka nach Norden marschieren. Offensichtlich sollen die Moslems endgültig zerschlagen werden. Zu diesem Zweck sind 10000 Krieger und über 600 Pferde und Kamele versammelt worden. An der Spitze steht Abū Sufyān, der bereits die Truppen bei Badr und Uḥud angeführt hat.

Auf Anraten des persischen Sklaven Salman al-Fārisī werden 3000 Mann bewaffnet, und man hebt innerhalb von sechs Tagen einen Graben aus. Kaum sind die Arbei-

Die „Schlacht des Grabens" stellt eine taktische Neuheit in der arabischen Kriegsführung dar. Salman al-Fārisī übernimmt ein in Persien bekanntes Verteidigungsmittel. Übrigens kommt das arabische Wort „Ḫandaq", „Graben", aus dem Syrischen, das damals von der Bevölkerung des nördlichen Mesopotamiens gesprochen wird.

ten beendet, als die Feinde auftauchen. Die Truppen Abū Sufyāns beziehen auf der gegenüberliegenden Seite Stellung und beginnen, Madīna zu belagern. Vergeblich unternehmen sie mehrere Anläufe, den Graben zu überwinden. Zwei Wochen lang beschießen sich 13 000 Mann über den Graben hinweg mit Pfeilen – und Schmähungen, in Prosa und in Versen. Am 15. Tag verursacht ein gewaltiger Sturm ein Chaos im Lager der Mekkaner, reißt die Zelte los, löscht die Feuer, zerstreut Kamele und Pferde. Abū Sufyān muß die Belagerung aufheben, und die Qurayš machen sich auf den Rückweg nach Mekka: Mohammed kann seinen zweiten großen Sieg feiern.

„Euch ist vorgeschrieben, gegen (die Ungläubigen) zu kämpfen, obwohl es Euch zuwider ist. Aber vielleicht ist Euch etwas zuwider, während es gut für Euch ist, und vielleicht liebt ihr etwas, während es schlecht für euch ist. Gott weiß Bescheid, aber Ihr wisset nicht.“
2. Sure, Vers 216

Nach der „Schlacht des Grabens" kommt es zu einem schrecklichen Judenmassaker, nachdem es schon drei Jahre lang gegärt hat.

Während der Belagerung hat der jüdische Stamm der Qurayẓa für Mekka Partei ergriffen. Um sie dafür zu strafen, daß sie den Sieg der Ungläubigen erhofften, beschließt der Prophet, die Männer des Stammes enthaupten zu lassen, Frauen und Kinder zu verkaufen und ihr Hab und Gut zu verteilen. Am Tag nach der Schlacht werden große Gräben auf dem Marktplatz von Madīna ausgehoben. Die Juden werden gefesselt dorthin geführt, einer nach dem anderen am Rand des Grabens enthauptet und hineingestoßen. Fast 1000 Männer erleiden dieses Schicksal.

Die Feindseligkeiten gegen die Juden nahmen bereits nach der Rückkehr von der Schlacht von Badr ihren Anfang. Mohammed wendet sich zunächst gegen den jüdischen Stamm der Qaynuqāʿ, die schwächste jüdische Gruppe in Madīna. Es sind vornehmlich Goldschmiede. Ein banaler Vorfall löst den Streit aus. Eine zum Islam bekehrte Beduinenfrau, die mit einem Mann aus Madīna verheiratet war, wollte auf dem Markt der Qaynuqāʿ Gartenfrüchte und Kleinvieh verkaufen. Sie setzte sich mit ihren Waren in die Nähe einer Goldschmiedewerkstatt. Ein paar junge Juden machten sich über sie lustig und wollten sie dazu bewegen, ihren Schleier abzunehmen. Sie weigerte sich entschieden, woraufhin der Goldschmied ihr unbemerkt die Röcke mit einer Nadel so feststeckte, daß sie beim Aufstehen den gesamten unteren Teil ihres Körpers entblößte. Nun stand die Ehre der Moslems auf dem Spiel. Der Goldschmied wurde von einem Moslem erschlagen, der seinerseits von einem Juden getötet.

Damit sind die Feindseligkeiten eröffnet. Mohammed reagiert sofort, belagert den schuldigen Stamm und zwingt ihn, seinen gesamten Besitz herauszugeben. Die Beute der Moslems ist noch größer als nach dem Sieg von Badr. Die beiden anderen jüdischen Gruppen – die Naḍīr und die Qurayẓa – stellen sich nun ebenfalls offen gegen den Propheten. Ein Dichter namens Kaʿb ibn al-Ašraf ist kurz

Unter den Bewohnern von Madīna gibt es Juden, die dort schon seit langer Zeit ansässig sind. Die Banū Naḍīr tragen arabische Namen, sprechen aber ihren eigenen Dialekt. Sie sind durch Landwirtschaft, Zinskredite und Handel mit Waffen und Schmuck reich geworden. Die Banū Qurayẓa sind Landbesitzer und Ackerbauern, die die Landwirtschaft auf einen hohen Entwicklungsstand gebracht haben.

nach der Schlacht von Badr nach Mekka gereist, um die Qurayš zur Rache anzustacheln. Mohammed kann so etwas nicht dulden und läßt dem Dichter die Kehle durchschneiden.

In Wahrheit hat Mohammed schon damals beschlossen, mit den Juden, die ihn verlachen und sich nicht unterwerfen wollen, abzurechnen. Deshalb hält er auch im Februar 624 seine Gläubigen dazu an, nicht mehr in Richtung Jerusalem zu beten, sondern sich dabei nach Mekka zu wenden. Im August oder September 625 befiehlt er den Naḍīr, Madīna zu verlassen. Doch von den Munāfiqūn ermutigt, leisten die Juden Widerstand. Die Moslems schließen sie daraufhin in ihren eigenen Befestigungen ein und zerstören ihre Palmenhaine. Die Belagerten ergeben

Mohammed soll 70mal für seinen Onkel Ḥamza gebetet haben, indem er ihn in das Gebet für jeden der 70 in Uḥud gefallenen Moslems einschloß. Jedes Jahr geht er zum Grab seines Onkels, um es zu ehren.

sich, und ihr Eigentum wird beschlagnahmt. Die Feindseligkeiten zwischen Juden und Moslems halten weiter an, bis sie im Massaker nach der „Schlacht des Grabens“ 627 ein blutiges Ende finden.

Mohammed hat den Feind im Inneren, die jüdischen Stämme, vernichtet, aber die äußere Lage ist keineswegs sicher.

Der Islam sitzt in der Zange zwischen den Ungläubigen in Mekka und den Juden in Ḫaybar. Mekka ist die feindliche Stadt schlechthin, die Stadt, aus der Mohammed vertrieben und verbannt wurde. Da verkündet er zur allgemeinen Verblüffung seinen aufgrund eines Traumes gefaßten Be-

„Ihr Gläubigen, gedenket unablässig Gottes und preiset ihn morgens und abends. (...) Am Tag, da sie ihm (im Jenseits) begegnen werden, werden sie mit ‚Heil‘ begrüßt. Und er hat vortrefflichen Lohn für sie bereit.“

33. Sure, Vers 41–44

schluß, er werde nach Mekka pilgern. Im Februar 628 verläßt er Madīna und zieht in Richtung seiner Geburtsstadt. Er fordert alle Gläubigen auf, ihn zu begleiten. Die Beduinen weigern sich, denn sie halten dieses Unterfangen für zu gefährlich. Außerdem wollen sie nicht an einem eventuellen Angriff auf Mekka in der Zeit der Pilgerfahrt teilnehmen. Ihr Glaube ist noch nicht fest genug verankert. Es bedarf nur einer Kleinigkeit, und sie kehren zu ihren alten religiösen Vorstellungen zurück.

Mohammed bricht auf, nur mit seinem Glauben bewaffnet, um Mekka zu erobern.

Als Mohammed verkündet, daß er unbewaffnet nach Mekka pilgern will, sind seine Anhänger überglücklich. Eine Schar von über 1000 Menschen begibt sich im traditionellen weißen Pilgergewand nach Mekka. Die Qurayš wissen nicht, was sie davon halten sollen. Einerseits ist es undenkbar, Pilgern den Eintritt zu verwehren, andererseits sind diese Männer ihre größten Feinde. Mohammed schlägt sein Lager in Ḥudaybiyya vor den Toren der Stadt auf. Seine Hartnäckigkeit führt dazu, daß die Mekkaner den „Pakt von Ḥudaybiyya" anbieten: Im folgenden Jahr könne Mohammed drei Tage lang über Mekka verfügen. Für die Gläubigen ist das eine große Enttäuschung, aber ihr Oberhaupt begreift, daß es sich um einen unverhofften Erfolg handelt: Zum ersten Mal werden die Moslems von seiten Mekkas als Gleichgestellte behandelt.

Im Mai 628 greift Mohammed die Festungen von Ḫaybar an, einer reichen Palmenplantage ungefähr 150 km nördlich von Madīna. Durch Bewässerung und sorgfältige Bewirtschaftung haben die Juden dort eine blühende Dattelkultur entwickelt. Sie wohnen in sieben verstreuten Festungen inmitten der Palmenhaine, wo auch der aus Madīna vertriebene Stamm der Naḍīr Zuflucht gefunden hat. Als Seßhafte erkaufen sie, gemäß dem in Arabien herrschenden Brauch, mit einem Teil ihrer Ernte den Schutz der benachbarten Beduinen. So können sie in Frieden ihre Landwirtschaft betreiben.

Gegen diesen Garten inmitten der Wüste geht

Mohammed mit einer Streitmacht von 1600 Mann vor und belagert Ḫaybar. Nach sechswöchigem Widerstand fallen die Festungen. Einige Juden werden gefangengenommen, darunter ein junges, hübsches Mädchen von 17 Jahren namens Safiyya. Mohammed nimmt sie zur Frau, nachdem er ihren Mann hat töten lassen, weil er sich weigerte, das Versteck des Schatzes der Naḍīr zu verraten.

In den Berichten über die Schlacht von Uḥud wird Mohammed beschrieben, wie er auf einem reinrassigen, sehr wendigen Pferd reitet, das auf den Namen as-Sakb hört. Wenn es auch sein bevorzugtes Reittier ist, so hat er doch auch andere Pferde, wie al-Murtağiz, da dessen Wiehern an den Rhythmus von Versen erinnert, die auf dem Versmaß „Rağaz“ aufgebaut sind, oder wie Lizāz, mit dessen Schnelligkeit sich kein anderes Rennpferd messen kann.

Andere verhandeln jedoch mit dem Propheten. Sie bleiben schließlich als Pächter in der Oase und müssen den Moslems die Hälfte ihrer Ernten abtreten: Das ist genausoviel, wie sie vorher den Beduinen als Gegenleistung für deren Schutz zahlen mußten.

Die Macht des Propheten ist nun etabliert. Mohammed fühlt sich immer mehr wie ein Araber aus Mekka.

Im März 629 unternimmt Mohammed die Pilgerfahrt nach Mekka. Er benutzt die Reise dazu, sich mit seinem Klan zu versöhnen. Abū Lahab, der ihm am ablehnendsten gegenüberstand, ist im Jahr 624 gestorben. Sein Nachfolger 'Abbās ist wie Mohammed zu Zugeständnissen bereit. Der Prophet verlobt sich mit Maymūna, der Schwägerin des 'Abbās, und heiratet Umm Ḥabība, die Tochter des mächtigen Abū Sufyān. Damit wird der Prophet zum Schwiegersohn der einflußreichsten Persönlichkeit von Mekka.

Aber im Januar 630 nutzt er den Mord an einem Moslem als Vorwand, den Pakt von Ḥudaybiyya zu brechen, hebt eine Armee von 10000 Mann aus und marschiert gegen Mekka. Abū Sufyān, der sich daraufhin zum Islam bekehrt, bewirkt, daß die Bedingung des Propheten angenommen wird: freier Einmarsch in Mekka für die Moslems. Dafür garantiert Mohammed für Leben und Eigentum all derer, die sich dem Einmarsch nicht widersetzen. Am 11. Januar 630 zieht er mit seiner Armee in die Stadt ein. Er begibt sich zur Ka'ba, geht siebenmal um sie herum, läßt die Götterbilder zerschlagen und erklärt den Hof innerhalb der sie umgebenden Ringmauer für heilig. Der Einzug in Mekka erfolgt also ohne Blutvergießen. Das ist nicht nur ein politischer, sondern vor allem ein religiöser Triumph.

Mohammed verkündet, daß nunmehr tiefe Frömmigkeit den einzigen Adel darstelle. Die Qurayš treten geschlossen zum Islam über und vereinen so den arabischen Adel mit der neuen Religion. Zahlreiche Beduinenstämme schließen sich ihrem Beispiel an. In Südarabien unterzeichnen die religiösen und zivilen Anführer der christlichen Oase Nağran ein Abkommen, demzufolge die Christen unter dem Schutz der Moslems stehen und ihnen Tribut zahlen müssen. Im Norden findet Mohammed Unterstützung bei manchen der christlichen Stämme an der byzantinischen Grenze. Der islamische Staat von Madīna ist zu einer anerkannten Macht geworden.

Als Mohammed im Jahr 630 seinen triumphalen Einzug in Mekka hält, sticht er den Götzenbildern mit der Spitze seines Bogens die Augen aus, ehe er sie umstürzen und verbrennen läßt. Seit seiner ersten Predigt führt er den Kampf gegen den Götzendienst. Die islamischen Autoren nennen die Götzen „Ṣanam“, das ein Objekt gleich welchen Volumens bezeichnet, sei es aus Stein, aus Holz oder aus Metall. Viele Götzen sind einfache Steine, wie al-Lāt, einige sind Bäume, wie al-‘Uzzā’, andere dagegen, wie Hubal, richtige Statuen. Der Schwarze Stein der Ka‘ba ist nichts anderes als ein Überbleibsel des alten Kultes.

SECHSTES KAPITEL

DER STAATSMANN MOHAMMED

Nachdem er seine Feinde im Inneren wie auch im Äußeren besiegt oder bekehrt hat, wird der Feldherr-Prophet zum Staatsmann-Propheten. Mohammed muß ein Rechtssystem für den neuen Staat schaffen, Gesetze müssen für die islamische Gemeinschaft erlassen werden. Allāh hat seinem Propheten während des „Heiligen Krieges" beigestanden, nun wird er ihn bei der Organisation der islamischen Gesellschaft leiten.

Als Herrscher von Madīna und Eroberer von Mekka ist der Prophet nun kein einfacher „Sayyid" (arabischer Anführer unter vielen) mehr. Er ist zum Führer ganz Arabiens geworden. Auf seinem Thron empfängt er die Huldigung derer, die sich ihm angeschlossen haben, und den Lobpreis seiner Anhänger.

Als Herrscher von Madīna und Eroberer von Mekka ist der Prophet nun nicht mehr einfach ein „Sayyid". Vielmehr ist er zur wichtigsten Person in ganz Arabien geworden. Auch der Staat von Madīna ist kein Staat wie jeder andere. Er ist nicht nur ein Zusammenschluß vieler Stämme, sondern eine wirkliche Gemeinschaft, in der das alte Beduinengesetz noch gilt, soweit es nicht den vom Propheten verkündeten göttlichen Geboten widerspricht. Mohammeds Herrschaft beginnt sich immer mehr auch über die Bereiche Kult und Recht zu erstrecken, er organisiert militärische Feldzüge, geht Bündnisse ein. Aber die Autorität Allāhs bleibt Grundlage seiner Macht. Madīna ist ein *theokratischer Staat* geworden.

In Arabien verändert sich nun auch die Gesellschaft; zahlreiche Fremde, Perser, Ägypter, Syrer, Iraker und Jemeniten, werden von der neuen Religion angezogen. Aber auch viele Händler und Krieger werden von der Aussicht auf reiche Gewinne angelockt. Madīna ist zu einer Weltstadt geworden. Damit stellt sich auch die Frage, wie der Glaube in der Gesellschaft organisiert werden soll. Nach und nach entsteht eine verbindliche Regelung, die gleichermaßen die Bereiche Religion, Recht und soziales Leben berührt. Solange Mohammed lebt, kommt es zu weiteren Offenbarungen, die nunmehr hauptsächlich die Organisation der islamischen Gemeinschaft betreffen.

Die „Šahāda", die Schrift oben auf der rechts abgebildeten Keramik, die auf dem Grab Mohammeds angebracht ist, besteht aus zwei nebeneinanderstehenden kurzen Sätzen: Der eine bezeugt die Einzigkeit Gottes, der andere, daß Mohammed sein Gesandter ist. „Lā illāha ilā 'llāh wa Muḥammadu rasūl Allāh." Dadurch, daß man sie ausspricht, wird man Mitglied der islamischen Gemeinschaft. Der Koran offenbart in der 112. Sure, daß Gott „einzig" ist. Er hat weder Sohn noch Vater. Das christliche Mysterium der Dreifaltigkeit ist den Moslems fremd.

Die „Fünf Säulen des Islam" sind der zentrale Halt einer immer zahlreicher und verschiedenartiger werdenden Gesellschaft.

In der Ausübung seiner Religion sind dem Moslem fünf Pflichten vorgeschrieben, die als die Fünf Säulen des Islam bezeichnet werden. Während diese Pflichten in Mekka erst im Entstehen begriffen sind, erfüllen sie in Madīna bereits eine gesellschaftliche Funktion.

Die erste Pflicht ist das Glaubensbekenntnis, die „Šahāda", worin der Moslem bezeugt, daß es keinen Gott gibt außer Allāh und daß Mohammed der Gesandte Allāhs ist. Es dient als Formel der Bekehrung und breitet sich weit über die Grenzen des Territoriums von Madīna aus.

Die zweite Pflicht ist das Gebet, der „Ṣalāt", das fünfmal täglich stattfindet. Man

wendet sich beim Beten nicht mehr in Richtung eines fremden Heiligtums, sondern zur Ka'ba, einer rein arabischen Kultstätte. Der frühere Sklave Bilāl übernimmt die Rolle des *Muezzin*, der hoch oben vom *Minarett* der Moschee den Aufruf zum Gebet psalmodiert: „Allāh ist der Größte, es gibt keinen Gott außer Allāh. Mohammed ist sein Prophet. Kommt zum Gebet, kommt zur Glückseligkeit!“

Die dritte Pflicht, das gesetzliche Almosen, die „Zakāt“, ist eine Steuer, die in die Kassen der Moslems in Madīna

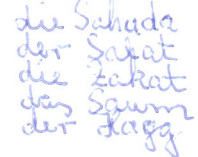

Gleichzeitig Meßbuch und Liturgieordnung, dient das Pilgerbuch (Abbildungen links und rechts aus dem 18. Jahrhundert) dem Moslem auf dem „Ḥaǧǧ“ als Brevier. Außer den Gebeten enthält es die Legende von Ismael, dem Urahn der Araber. Darin wird die treue Hingabe der Dienerin Hagar dargestellt, die die von der Vorsehung bereitgehaltene Quelle Zem-Zem entdeckt und, nachdem sie siebenmal um sie herumgegangen ist, dem jungen Ismael mit dem Wasser der Quelle das Leben rettet. Im Koran ist es Ismael, den Gott zur Prüfung der Frömmigkeit seines Vaters Abraham von diesem als Opfergabe auf dem Berg Arafat fordert, im letzten Augenblick aber durch ein Lamm ersetzt. Abraham ist es auch, der nach islamischer Überlieferung am Ort des Wunders die Kaʿba errichtet.

fließt. Sie dient in erster Linie der Unterstützung der Armen und Bedürftigen und im Notfall auch für kriegerische Unternehmungen und politische Zwecke. Ab dem Jahr 626 müssen Juden und Christen eine Art Kopfsteuer, die „Ǧizya“, entrichten, wenn sie ihre Geschäfte im islamischen Staat betreiben wollen.

Die vierte Pflicht ist das Fasten, das „Ṣaum“. Seit dem Sieg von Badr im Jahr 624 ist das Ašūra-Fasten im Monat Muḥarram durch das Fasten im Ramadān, dem neunten Monat, ersetzt worden.

Die fünfte Pflicht jedoch, der „Ḥaǧǧ“, hat seit der Eroberung von Mekka eine besondere Bedeutung: Dabei handelt es sich um die Vorschrift, einmal im Leben eine Pilgerreise zur Kaʿba zu unternehmen.

Mohammed ist inzwischen mit neun Frauen verheiratet, die er alle gleich behandelt. Er verlangt von den Moslems, sich ihren Frauen gegenüber genauso zu verhalten.

Die von Mohammed erlassenen gesetzlichen Vorschriften betreffen vor allem Ehe und Familie, einen zentralen Punkt für die junge Gemeinschaft. Die Bestimmungen des Korans erlauben es den Moslems, bis zu vier Frauen zu heiraten, jedoch nur unter der Bedingung, daß jede von ihnen gleich behandelt und versorgt wird. Das ist keine Aufforderung zur Polygamie, sondern vielmehr eine Beschränkung, da es nicht einfach ist, mehrere Frauen zu ernähren und gleich zu behandeln.

Mohammed selbst ist von neun Ehefrauen umgeben: Sauda, die er vor der Hiǧra geheiratet hat, ʿĀʾiša, Tochter Abū Bakrs, Hafsa, Tochter ʿUmars, Umm Salama, Witwe eines seiner Vettern, Zaynab, Witwe Zayds, seines Adoptivsohns, Safiyya, die junge Frau jüdischer Abstammung,

die Sahada
der Salat
die Zakat
das Saum
der Hagg

Der Berg Ḥirā' findet sich oft auf Bildern in religiösen Dokumenten des Islam, wie auf dieser persischen Miniatur aus dem 18. Jahrhundert. Die Verehrung des Bergs gründet auf seiner Bedeutung bei der Offenbarung Mohammeds, die dieser in einer seiner Höhlen empfing. So erklärt sich auch der Name des Berges: Ǧabal an-Nūr, „Berg des Lichts".

Ǧuwayriyya, Tochter des Anführers der Banu'l-Mustāliq, Umm Ḥabība, Tochter Abū Sufyāns, sowie Maymūna, die Schwester der Frau seines Onkels ʿAbbās. Dazu kommen noch ein paar Konkubinen, darunter Miriam, eine vom ägyptischen Statthalter geschickte Christin (Koptin), und Rayhana, eine Jüdin.

Widerspricht diese hohe Anzahl auch der Regelung, nur vier Frauen zu heiraten, erklärt sie sich doch durch die Empfehlung, die Existenzgrundlage für Witwen und Waisen zu sichern. Und wenn es unter ihnen verführerisch schöne Frauen wie Zaynab gibt, zu der Mohammed eine leidenschaftliche Zuneigung empfindet, so sind andere fromme Witwen, die nach dem Tod ihres Mannes mittellos dastanden. Die meisten Ehen des Propheten kommen entweder aus politischen Gründen oder durch seinen Respekt für das Gesetz der Wüste zustande. Der Forderung nach gleicher Behandlung kommt Mohammed nach, indem er in Madīna jede Nacht mit einer anderen verbringt.

Das in der arabischen Literatur gefeierte Kamel – vor allem die Stute – ist das Symbol des Lebens. Es liefert den Beduinen Milch, Fleisch und Fell, die Wolle für die Herstellung der Kleidung, den Dung, der getrocknet wird und als Heizmaterial dient, und als letzte Rettung vor dem Verdursten den Urin.

Die in vieler Hinsicht revolutionäre Gesetzgebung des Propheten läßt deutlich erkennen, daß er Kaufmann und kein Landwirt ist.

Der Prophet des Islam arbeitet darauf hin, die Bräuche abzuschaffen, denen zufolge die Frauen nicht als freie und unabhängige Menschen behandelt werden. Das wird besonders in den Verfügungen über die Erbfolge deutlich: Töchter sind ebenfalls erbberechtigt, auch wenn ihr Anteil nur die Hälfte des Erbteils eines Sohnes umfaßt.

Um die weitreichenden Folgen dieser Verfügung richtig zu verstehen, muß man sie in ihrem geschichtlichen Zusammenhang sehen: Das Erbrecht der Frauen in der traditionellen arabischen Gesellschaft vorzuschreiben, bedeutet, der Stammesorganisation einen tödlichen Schlag zu versetzen. Die nun finanziell unabhängigen Frauen können auch außerhalb des Klans heiraten. Dieses Zugeständnis kann sich jedoch auf lange Sicht als unheilvoll erweisen: Ist die Erbteilung in Beduinenstämmen längst üblich und sinnvoll, bedeutet sie doch für die Bauern von Madīna ständige Landteilungen, die sehr schnell zu einer Parzellierung des Grundbesitzes führen. Und ein zu kleiner Besitz macht das Überleben der Familie unmöglich.

Vielleicht liegt es ebenfalls an seinen Erfahrungen in Mekka, wo Gold und Wucherei zum Verfall der Sitten geführt hatten, daß der Prophet besonderen Wert auf die göttliche Botschaft legt, die ihm befiehlt, das Zinsgeschäft zu verbieten. Oder aber Mohammed hat ganz einfach die Anfänge in Madīna im Sinn, als gewisse Leute sich weigerten, der bedürftigen Gemeinschaft zinsfrei Geld zu leihen.

Rache, Diebstahl und Ehebruch: Es entsteht eine Regelung, die später zum islamischen Recht führt.

Um ihre Mitglieder zu schützen, leben die Moslems in einer Gemeinschaft, die wie ein Stamm organisiert ist.

Demzufolge gehört die Forderung nach dem

Al-Harīrī beschreibt in der Maqāma mit der unten abgebildeten Illustration die List Abū Zayds, als er versucht, sich eine prächtige, von einer alten Frau geführte Kamelherde anzueignen. Er schafft es, weil er sich nicht scheut, sich zu diesem Zweck den Anschein eines Religionsgelehrten zu geben.

gerechten Maß, der goldenen Mitte, zu den wichtigsten Regelungen. Das Gesetz der Vergeltung gilt zwar noch, aber Rache darf nicht neue Rache nach sich ziehen. Das Prinzip der Blutrache wird damit zu einem einmaligen Akt, die endlose Folge von Racheakten soll abgeschafft werden. Mithin besteht das alte System weiter, aber man vermeidet die Auswüchse.

Der Kindermord an Mädchen ist verboten. Dieben schneidet man die Hand ab. Der als Verbrechen angesehene Ehebruch wird mit 100 Peitschenhieben, Einschließen oder Steinigen bestraft. Scheinen diese Strafen auch hart, darf man doch nicht vergessen, daß der geforderte Beweis nur sehr schwer zu erbringen ist: Die mutmaßlich Schuldigen müssen in einer Position gesehen worden sein, die keinen Zweifel zuläßt. ʿĀʾiša selbst, eine der Lieblingsfrauen des Propheten, wird von einigen Leuten, darunter auch von ʿAlī, beschuldigt, eine Affäre mit einem jungen Kameltreiber zu haben. Aber Mohammed wird von Gott offenbart, daß seine Frau unschuldig sei. Daraus entsteht die Vorschrift, Anklagen wegen Ehebruchs durch vier Zeugen bekräftigen zu lassen.

Die Anschuldigung, Ehebruch begangen zu haben, wird vor einem Richter geregelt (Bild unten). Im gerade erst entstehenden Staat von Madīna gilt noch das alte, für die Frauen furchtbare Gewohnheitsrecht. Wehe derjenigen, die gefehlt hat! Sie wird gesteinigt – außer wenn sie von ihrem Mann begnadigt wird, ein Recht, von dem Mohammed zugunsten seiner geliebten ʿĀʾiša Gebrauch macht.

Der Prophet selbst dient als Beispiel für die islamischen „Guten Sitten“ in allen Lebenslagen.

Parallel zu dieser Gesetzgebung spielen sich nach und nach Regeln für den täglichen Gebrauch ein. Sie betreffen Nahrungsmittel, Tischsitten, Kleidung, Wohnungseinrichtung usw. Die islamischen Bräuche, die „'Adab“, entstehen nach dem Beispiel der Lebensweise, des Verhaltens des Propheten: der *Sunna.*

Wie ein Moslem essen und trinken soll: Das islamische Gesetz verbietet den Genuß von Schweinefleisch und von Tieren, die nicht zuvor ausgeblutet worden sind. Außerdem ist es nicht erlaubt, Wein zu trinken. Was Eß- und Trinkmanieren angeht, gibt es vielfältige Empfehlungen. So soll man nicht auf Nahrungsmittel blasen, man soll mit der rechten Hand essen, häufig Zahnstocher benutzen und es vermeiden, rohen Knoblauch oder rohe Zwiebeln zu essen, ehe man zur Moschee geht. Man stillt seinen Durst nicht aus goldenen oder silbernen Gefäßen und trinkt nicht direkt aus den Schläuchen.

Die in Ḫaybar gefangene schöne Zaynab hat ihren Vater und ihren Ehemann im Kampf fallen sehen. Sie vergiftet ein Gericht, das sie für Mohammed zubereitet. Als sie entdeckt wird, sagt sie: „Du weißt, was du meinem Volk angetan hast. Ich dachte mir: Wenn du nur ein König bist, werde ich damit von dir erlöst sein; bist du aber ein Prophet, so wirst du gewarnt werden.“ Mohammed vergibt ihr.

Wie sich ein Moslem kleiden soll: Männer sollten einen Turban tragen. Von Kleidung aus Seide oder Brokat wird abgeraten, wie auch von mit Safran gefärbten Stoffen. Es ist untersagt, kostbaren Schmuck zu tragen, wogegen die Benutzung von Duftstoffen gestattet ist. Der Prophet selbst ist ein großer Liebhaber von Parfum. Den Frauen ist es verboten, Perücken zu tragen, da die Moslemin sonst an eine jüdische Frau erinnern könnte. Andererseits ist der Schleier nicht vorgeschrieben. Nur den Frauen des Propheten wird er empfohlen, denn sie sollen sich vor aufdringlichen Blicken schützen.

Wie ein Moslem seine Wohnung einrichten soll: Alle an ein Kreuz erinnernden Gegenstände, alle Musikinstrumente und alle Weinschläuche sind daraus zu verbannen. Teppiche hingegen dürfen die Wohnung schmücken. Auf Schlichtheit wird großer Wert gelegt. Toiletten im Inneren des Hauses sind verboten, dafür sind unbebaute Grundstücke vorgesehen.

Eine Sammlung von Höflichkeitsregeln bestimmt die Umgangsformen der Moslems.

Die gesellschaftlichen Umgangsformen erweisen sich für die Umma als ungeheuer wichtig. Bei Hochzeitsmahlen mitzufeiern, Kranke zu besuchen, an Bestattungen teilzunehmen oder Geschenke zu verteilen, sind lobenswerte Gesten. Der Jüngere ist stets gehalten, den Älteren zu grüßen, der Gehende den Sitzenden, die kleinere Gruppe die größere. Gewisse Handlungen werden geduldet, andere sind zu vermeiden. So hat auf jedes Niesen ein hörbares „Gott sei gelobt“ zu folgen, worauf man mit der Formel „Gott sei dir gnädig“ antwortet. Desgleichen ist der Rülpser des Gastes nach einem guten Mahl ein Zeichen der Dankbarkeit gegenüber dem Gastgeber. Gähnen ist hingegen eine schlimme Angewohnheit, die vom Teufel hervorgerufen wird. Es sollte möglichst unterdrückt werden. Zu diesen Regeln des täglichen Lebens kommen noch einige Gepflogenheiten, die schon vor der Zeit des Islam existierten, wie z.B. der den Juden und Arabern gemeinsame Brauch der Beschneidung.

Das islamische Rechtssystem bleibt zu Lebzeiten Mohammeds noch rudimentär. Wie im Gewohnheitsrecht der Beduinen entscheidet der Prophet als Autorität über die Streitfälle. Es dauert fast ein Jahrhundert, bis sich ein auf die Trennung von Rechtsprechung und Politik gegründetes islamisches Recht entwickelt und das Amt des Richters, des Qāḍī, eingerichtet wird. Seine Kompetenz als Schiedsrichter und Notar erstreckt sich vor allem auf die Bereiche religiöser und familienrechtlicher Fragen sowie des Erbrechts und der Schenkungen zugunsten frommer Stiftungen (Waqf).

وَحَسْبُهُ سبل الذي يَبْعَثِي اللَّهِ مَرَّ إِلَّا أَنْ تَقَدَّنَا الجُوعِ وَحَوْلَ دَوْزِ الجَمُوعِ قَالَ فَكَانَهُ

اطْلَعَ عَلى إِرَادِنَا فَوَمَ عَنْ قُرْبٍ عَقْدَرْنَا لَأَجْرَمَ إِنَّا آثَنَاهُ المَزَارِ الشَّرَطِ وَاثْنَيْنَا عَلى حَلْقَهُ

عَادَ مَا لَاجَ وَأَذْكَى بَيْنَنَا السِّرَاجَ نَامَلْتَهُ فَإِذَا هُوَ ابْنُ زَيْدٍ يَقُلْنَا الصَّبِيِّ

بَادِرْ فَإِنَّكُمْ إِنَّ أَنْ فُلَ الشَّعْرَى نَقْدَطَلَعَ مِنَ الشِّعْرَارِ

Zwei Jahre nach der Einnahme von Mekka führt Mohammed wieder einen Pilgerzug an. Er weiß nicht, daß er seine Geburtsstadt zum letzten Mal sieht.

Im März 632 ist Mohammed wieder in Mekka, vollzieht die Gebete und Opfer, läßt sich dem Brauch gemäß Haare und Bart scheren und predigt. Dadurch werden die Regeln der Pilgerfahrt endgültig festgelegt. Kaum sind die Zeremonien beendet, bricht er wieder auf nach Madīna. Diese Pilgerreise bleibt den Moslems als Abschiedspilgerfahrt in Erinnerung, denn zwei Monate später erkrankt der Prophet.

Seit einiger Zeit, vielleicht seit den Strapazen der Pilgerfahrt, vielleicht nach einem nächtlichen Besuch auf dem Friedhof am Grab seiner Gefährten, hat Mohammed Fieber und leidet unter starken Kopfschmerzen, die zuweilen so schlimm sind, daß er laut schreit. Trotzdem ruft er am Dienstag, dem 26. Mai 632, Usāma, einen seiner militärischen Anführer, zu sich und vertraut ihm den

Das Gemälde „Pilgerreise nach Mekka" von Belly vermittelt einen Eindruck von der endlosen Weite der Wüste, von der Würde der Männer, die die Ḥaǧǧ im 19. Jahrhundert anführen, und von der Kraft ihrer Reittiere.

Oberbefehl über eine neue Razzia an, die bis an die Grenze des Byzantinischen Reiches führen soll. Am Donnerstag überreicht er Usāma die Standarte des islamischen Staats und erteilt ihm seine letzten Anweisungen. Kurze Zeit später muß der Prophet das Bett hüten. Am Montag, dem 8. Juni 632, fühlt sich der Kranke morgens besser. Zur Stunde des Gebets steht er sogar auf, und das Gerücht geht um, er sei geheilt.

Aber noch am selben Tag hat er wieder einen Fieberanfall, fängt an zu phantasieren und verlangt Schreibmaterial für ein Dokument, das die Gläubigen vor zukünftigen Irrtümern bewahren soll. Dies ruft große Bestürzung unter den Anwesenden hervor. Soll man ihm gehorchen, wo er doch nicht im Vollbesitz seiner

Auch heute noch ist die Pilgerfahrt nach Mekka die höchste Erfüllung des frommen Moslems, sei er Afrikaner, Europäer oder Asiat, Sunnit oder Schiit. Sie versammelt vom 7. bis 13. Dū'l-Ḥiǧǧa, dem letzten Monat des Jahres, Tausende von Pilgern. Zu diesem Zeitpunkt sind das Territorium von Mekka und besonders der Umkreis um die Ka'ba heilige Stätten, deren Betreten Nicht-Moslems bei Todesstrafe untersagt ist.

geistigen Kräfte ist? Der Tumult ist so stark, daß Mohammed es aufgibt und ihnen durch Zeichen bedeutet zu gehen. Er wird schwächer und redet nur noch unzusammenhängend. 'Ā'iša sieht ihn mit starrem Blick die Augen erheben und meint ihn sagen zu hören: „Der Freund, der höchste aus dem Paradiese..." Da weiß sie, daß ihm der Engel Gabriel erschienen ist. Kurz darauf stellt sie fest, daß Mohammed tot ist. Sie hebt seinen Kopf hoch, bettet ihn auf ein Kissen und beginnt zu schreien und sich auf die Brust und ins Gesicht zu schlagen.

Der Tod Mohammeds trifft die Gläubigen völlig unvorbereitet. Es ist keinerlei Verfügung für die Zukunft getroffen. Für die Moslems scheint alles auseinanderzufallen. Die verschiedenen Gruppen, die durch die starke Persönlichkeit Mohammeds verbunden wurden, sehen sich plötzlich voneinander isoliert. Und die Frage, die sich im Sommer des Jahres 632 stellt, betrifft die unmittelbare Zukunft des Islam. Ist die neue Religion zum Scheitern verurteilt, weil es keinen geeigneten Nachfolger für Mohammed gibt?

Abū Bakr rezitiert vor der Menge, die sich vor dem Haus des verstorbenen Propheten versammelt hat, den Koranvers, der daran erinnert, daß er nur ein Mensch war wie alle anderen: „Mohammed ist nur ein Apostel. Vor ihm waren die anderen Apostel. Nun also, wenn er stirbt oder wenn er getötet wird, werdet ihr dann wieder umkehren?"

Siebtes Kapitel

DER ISLAM NACH MOHAMMED

Wenn auch das Leben Mohammeds zu Ende ist, so fängt doch der Ruhm des Propheten Allāhs gerade erst an. Als Mohammed ibn 'Abdallāh stirbt, kennt man weder im Reich von Byzanz noch bei den Persern, noch bei den Franken seinen Namen. Niemand kann sich vorstellen, daß die Nachfolger des Propheten eines Tages mit dem Schwert und dem Koran das mächtigste und einflußreichste Reich des Mittelalters errichten werden.

Nach seinem Tod wird Mohammed in seinem Haus in Madīna beigesetzt. Der Besuch seiner letzten Ruhestätte gehört zur Pilgerreise jedes gläubigen Moslems.

Nach dem Tod des Propheten drängen sich die Pilger in Scharen um das in seinem eigenen Haus errichtete Grab. Genau an dieser Stelle wird ungefähr 70 Jahre später die große Moschee von Madīna erbaut. Noch heute verrichtet jeder Pilger eine Andacht am Grab Mohammeds.

Als im Jahr 611 Mohammed, der Sohn 'Abdallāhs aus dem Stamm der Qurayš, in Mekka fremdartige Sätze aussprach, deren Rhythmus stark an die Verse der Dichter in der Wüste erinnerte, waren die Beduinen, die ihm zuhörten, zutiefst erstaunt. Aber sehr bald gehen diejenigen, die von der Botschaft berührt werden, daran, die Offenbarungen Allāhs aufzuschreiben. Dabei verwenden sie jedes Material, das ihnen gerade zur Hand ist – Lederfetzen, Palmblätter, Schulterknochen von Kamelen oder flache Steine. Sie schreiben mit angespitztem dünnem Schilfrohr, das in farbigen Pflanzensaft getaucht wird. Nach dem Tod Mohammeds findet und ordnet man insgesamt 114 Kapitel (Surāt), die Zaid ibn Ṯābit, der lange Zeit Sekretär des Propheten gewesen ist, sein ganzes Leben lang gesammelt und aufgeschrieben hat. Das Ergebnis dieser Arbeit ist der Koran.

Nach dem Tod Mohammeds vergehen jedoch noch fast 20 Jahre, ehe die endgültige Fassung entsteht. Die Initiative dafür geht von einem seiner Nachfolger aus, von seinem Schwiegersohn, dem Kalifen 'Uṯmān.

'Uṯmān, der dritte Kalif des Islam (644–656) und Nachfolger 'Umars, läßt den Koran zusammenstellen – ein gewaltiges Unterfangen. Er muß dazu die auf den verschiedensten Materialien erhaltenen, verstreuten Fragmente der Botschaft sammeln. Dieser Aufgabe widmet er sich während seiner ganzen Herrschaft.

Das Wunder des Islam besteht darin, daß das „Wort“ zum Buch wird. Wer selbst kein Moslem ist, kann den darin liegenden Zauber nicht begreifen.

Mohammed besteht entschieden darauf, kein Dichter zu sein, auch wenn man gewisse Koranstellen leicht für Verse halten könnte. Der wiegende Rhythmus der Sätze, die vielfältigen Reime und das Wechselspiel von kurzen und langen Silben wirken wie ein Zauber auf den

Diese Koranseite aus dem 5. Jahrhundert nach der Hiğra (oben) ist in kufischer Schrift, einer vereinfachten Schrift mit abgestuften Linienmotiven geschrieben. Sie wird im Mittelmeerraum bis zum 12. Jahrhundert christlicher Zeitrechnung benutzt. Die meisten der runden Buchstaben sind so reduziert, daß nur einige hervorstechen, während die senkrechten Linien auf solche Art verkürzt sind, daß sie das Schriftbild waagerechter erscheinen lassen.

Hörenden. Gerade darin liegt das Wunder, welches das Wort Gottes unnachahmbar und unvergeßlich macht. Die Gläubigen lernen es auswendig, denn es soll sie ja von der Wiege bis zum Grab leiten. In der Tat ist der Koran im Leben eines

أولئك على هدى من ربهم وأولئك هم المفلحون إن الذين
كفروا سواء عليهم أأنذرتهم أم لم تنذرهم لا يؤمنون
ختم الله على قلوبهم وعلى سمعهم وعلى أبصارهم غشاوة
ولهم عذاب عظيم ومن الناس من يقول آمنا بالله وباليوم
الآخر وما هم بمؤمنين يخادعون الله والذين آمنوا وما
يخدعون إلا أنفسهم وما يشعرون في قلوبهم مرض فزادهم الله
مرضا ولهم عذاب أليم بما كانوا يكذبون وإذا قيل
لهم لا تفسدوا في الأرض قالوا إنما نحن مصلحون ألا إنهم
هم المفسدون ولكن لا يشعرون وإذا قيل لهم آمنوا كما

Die illuminierte Schrift

Dieser Koran, ein ägyptisches handgeschriebenes Werk aus dem 16. Jahrhundert, ist ein Glied in der langen Kette der schriftlichen Aufzeichnung des Wortes Allāhs, die mit ʻUṯmān angefangen hat. Man weiß, daß ihn die komplizierte zeitliche Folge der vom Propheten weitergegebenen Offenbarungen dazu bewogen hat, die Suren nach ihrer Länge zu ordnen. So kommt es, daß „Die Kuh", die längste Sure – sie zählt 286 Verse –, auf die Fātiha folgt, deren Name vom Verb „fataha", „öffnen", kommt. „Die Kuh" beginnt die Serie der 24 Suren von Madīna, die über ein Drittel der insgesamt 6243 Verse (Āyāt) umfassen. Die deutlich kürzeren Suren von Mekka, die von den Schriftauslegern in drei Zeitabschnitte unterteilt werden, sind von einem leidenschaftlichen, poetischen Stil. Wo bestimmte Āyāt aus der Zeit von Madīna zehn bis zwölf Zeilen im Koran einnehmen, beschränken sich andere aus der Zeit von Mekka manchmal auf acht bis zehn Silben.

Der klingende Buchstabe

Sei es auf einem tragbaren Mihrab (Abb. rechts oben), auf einer Tafel (Abb. rechts unten) oder auf einer Keramik der Moschee von Piyale aus dem 16. Jahrhundert (Abb. links), die Schriften und Arabesken sind von beeindruckender Harmonie. Der islamischen Überlieferung zufolge ist Arabisch die Sprache Gottes. Damit sind auch Schrift und Alphabet von göttlicher Natur. Mit den Arabesken vermischt werden die Buchstaben selbst schon zu Poesie. Von den ersten Sekretären Mohammeds bis zu den Schreibern von Bagdad, Konstantinopel und Granada erstreckt sich die lange Tradition derer, die beim Niederschreiben des Namens Gottes mit den tausendfachen Möglichkeiten spielen, die siebenundzwanzig Buchstaben des Alphabets zu strecken oder zu verdichten. Damit erheben sie die Schrift zum Rang einer Kunst, der Kalligraphie.

Moslems zu jedem Zeitpunkt gegenwärtig, von der Kindheit bis zum Greisenalter, im Aufruf des Muezzins vom Minarett der Moschee in Madīna wie auch in den Familienfeiern, zu denen Mohammed oft eingeladen wurde.

Zu dem Zauber trägt auch bei, daß man den Koran nicht liest, sondern rezitiert. Die Kunst, den Koran zu rezitieren, ist vergleichbar mit der Virtuosität eines Sängers. Es hinterläßt einen nachhaltigen Eindruck. Eine perfekte Rezitation kann selbst die härtesten Herzen erschüttern: Da stehen den Zuhörern Tränen in den Augen, und jede Pause wird mit dem Ausruf „Ya Rabb, ya Allāh" – „o Herr, o Gott" quittiert, was dann den Rezitierenden ganz besonders freut.

Für den Laien ist es um so schwieriger, in den Koran einzudringen, als die Kapitel ihrer Länge nach geordnet sind und nicht nach dem Zeitpunkt, zu dem sie Mohammed offenbart wurden. So stehen die längsten Suren am Anfang und die kürzesten am Ende, wobei die kurzen Suren Mohammed als erste offenbart wurden, zu einer Zeit, als er noch voller Empörung über die Ungerechtigkeit und voller Hoffnungslosigkeit vor der Gleichgültigkeit der Händler in Mekka stand.

In den mekkanischen Suren nimmt Gott Anteil an den Leiden des Propheten. In den medinensischen Suren inspiriert Gott das Oberhaupt des neuen Staates.

Unter den 114 Suren ist die erste von besonderer Wichtigkeit. Es ist die „Fātiha", die „Eröffnungssure". Sie ist kurz und hat die Form eines Gebets. Sie ist wohl die meistzitierte Sure aus dem Koran, und die meisten Moslems können sie auswendig. Man kann sie folgendermaßen übersetzen: „Im Namen des barmherzigen und gütigen Gottes. Lob sei Gott, dem Herrn der Menschen in aller Welt, dem Barmherzigen und Gütigen, der am Tag des Gerichts regiert! Dir dienen wir, und dich bitten wir um Hilfe. Führe uns den geraden Weg, den Weg derer, denen du Gnade erwiesen hast und die nicht dem Zorn (Gottes) verfallen sind und nicht irregehen!" Die folgenden Suren sind weder logisch noch chronologisch geordnet. Daher schlagen die islamischen Schriftgelehrten eine Aufteilung in zwei Gruppen vor: die mekkanischen und die medinensischen Suren.

Die mekkanischen Suren können wiederum in drei Zeitabschnitte unterteilt werden. Der erste entspricht den

Der Islam versteht es als seine Aufgabe, die verschiedensten Rassen und Völker brüderlich im Gebet zu vereinen: Araber, Perser, Türken, Inder, Kurden, Mongolen, Andalusier, Afrikaner, Slaven, Indonesier, Berber und Chinesen. Alle beten sie nach Mekka gewandt. Der 'Adān, der öffentliche Aufruf zum Gebet – Allāhu akbar, „Gott ist der Größte" –, erinnert den Gläubigen fünfmal täglich daran, daß Gott allgegenwärtig ist und ihn einlädt, sich ihm zuzuwenden.

ersten vier Jahren der prophetischen Tätigkeit Mohammeds in Mekka. Er warnt darin vor dem Jüngsten Gericht, das jeder zu fürchten habe. Der zweite Abschnitt stammt aus dem fünften und sechsten Jahr seines Predigens. Die Suren heißen: „Noah“, „Die Propheten“, „Maria“… Der dritte Abschnitt vom siebten bis zum zehnten Jahr enthält mehrere Berichte über das Leben der Propheten Abraham, Joseph und Jonas.

Die medinensischen Suren richten sich an die verschiedenen dortigen Religionen Islam, Judentum und Christentum. Diese Suren bilden die Grundlagen der religiösen Gesetzgebung der Moslems, der „Šari'a“. Mohammed erscheint nun als politischer Führer. Der poetische Stil der ersten Offenbarungen weicht einem gewichtigeren, juristischen Ton.

Auch die Zeugnisse der Gefährten Mohammeds werden später gesammelt und bilden den *Ḥadīṯ*. Es sind Fragmente über das Leben des Propheten. Ihre Gesamtheit bildet die „Sunna“, was Mohammeds Tun, sein Sprechen und sein ungesprochenes Gutheißen beinhaltet.

Das Grundschulwesen in islamischen Ländern ist auf dem Koran aufgebaut, da der Prophet sagt: „Wer sein Heim aufgibt, um sich auf die Suche nach dem Wissen zu begeben, der folgt dem Weg Gottes… Die Tinte der Gelehrten ist heiliger als das Blut des Märtyrers.“ Von Kindesbeinen an bietet der Koran das Material für eine gleichermaßen sprachliche, historische, juristische und religiöse Bildung. Die im 9. Jahrhundert gegründeten Koranschulen (Kuttāb) haben zum Ziel, die jungen Schüler den Koran auswendig lernen zu lassen. Dabei wird ihnen auch beigebracht, das heilige Buch perfekt zu rezitieren.

Nach dem Tod Mohammeds wird der Ḥadīṯ zu einem Testament für alle Gläubigen. Doch die Frage seiner Nachfolge bleibt ungelöst.

Nur zwei Tage nach Mohammeds Tod entsteht schon ein Riß im Zusammenhalt der Gemeinschaft: 'Umar und Abū Bakr vertreten die Ansicht, daß nur sie das Fortbestehen des Islam sichern können. 'Alī hingegen fordert die Nachfolge des Gründers für sich, da er der Vater der beiden Enkel des Propheten ist. Schließlich wird Abū Bakr zum Nachfolger Mohammeds bestimmt, weil man ihn am würdigsten achtet, die Regierung zu übernehmen. Er nimmt den Titel „Ḫalīfa" (Kalif), „Nachfolger" des Propheten, an.

Er regiert nur zwei Jahre lang, von 632 bis 634, sichert aber während dieser Zeit die Fundamente des jungen Staates, der ins Wanken zu geraten droht. 'Alī hin-

gegen steht mit seinem unruhigen, fünf Jahre dauernden Kalifenamt von 656 bis 661 am Ausgangspunkt der großen Spaltung, die noch heute die islamische Gesellschaft entzweit. Seine Partei, die Šīʿa, steht unvereinbar den zahlenmäßig überlegenen Sunniten gegenüber.

Der bescheidene Kaufmann Mohammed ibn ʿAbdallāh braucht nur 20 Jahre, um dem Volk von Arabien einen neuen Glauben zu schenken. Das sind 20 Jahre Kampf zur Ausarbeitung der Grundzüge einer Weltreligion. Vor dem überwältigenden Erfolg der Botschaft des Islam verwischen sich die Züge des Mannes aus dem Stamm der Qurayš bis zur Unkenntlichkeit. Was bleibt, ist eine legendäre Gestalt: Mohammed, der Prophet Allāhs.

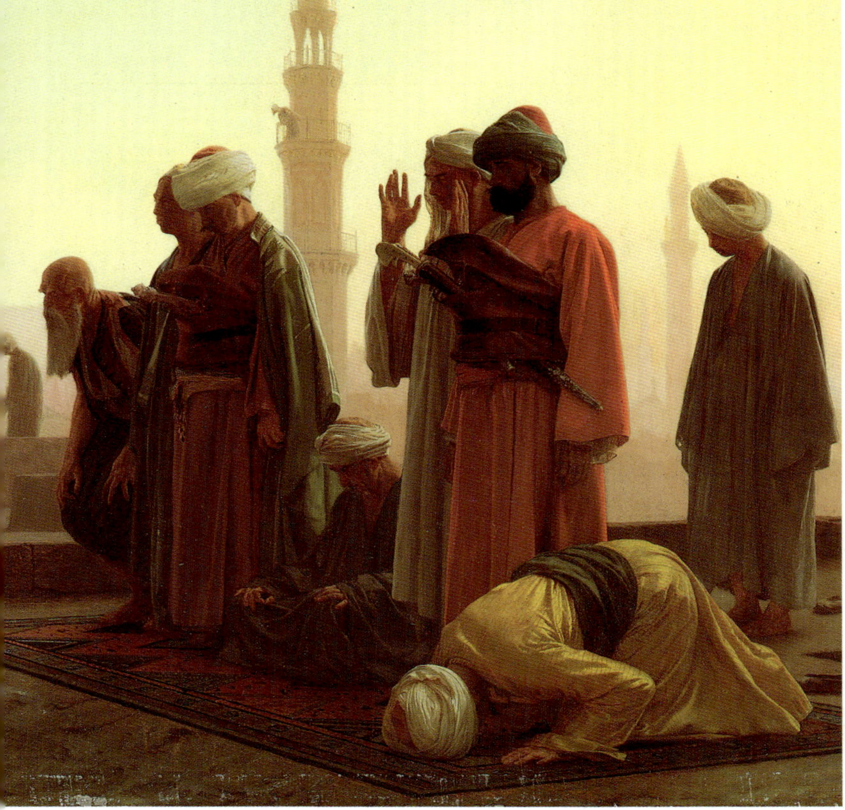

ZEUGNISSE UND DOKUMENTE

Der Koran

Der Koran ist das Herz des Islam. Er enthält die göttlichen Offenbarungen an Mohammed, aufgeteilt in 114 Suren. Da der Koran nach dem Glauben der Moslems das niedergeschriebene Wort Gottes ist, ist eine Übersetzung aus dem Arabischen nicht möglich. Jede Übertragung wäre ein menschlicher Versuch, die göttliche Sprache zu imitieren – und damit unweigerlich fehlerhaft, ja hybrid. Ein gläubiger Moslem wird daher den Koran nur in Arabisch lesen, egal welche Muttersprache er spricht.

Die erste Sure des Korans, die „Fātiḥa", ist wohl die bedeutendste Sure überhaupt. Sie dient nicht nur als Einleitung, sondern ist gleichzeitig das Glaubensbekenntnis der Moslems.

Im Namen Allahs,
des Erbarmers, des Barmherzigen!
1. Lob sei Allah, dem Weltenherrn,
2. dem Erbarmer, dem Barmherzigen,
3. dem König am Tag des Gerichts!
4. Dir dienen wir und zu dir rufen um Hilfe wir.
5. Leite uns den rechten Pfad,
6. den Pfad derer, denen du gnädig bist,
7. nicht derer, denen du zürnst, und nicht der Irrenden.

1. Sure: Die Öffnende (al-Fātiḥa)

Der Koran, das Wort Gottes, wird nicht einfach gelesen, sondern in einem ganz charakteristischen Singsang rezitiert. Insbesondere die sehr kurzen, eher dogmatischen mekkanischen Suren lassen die Schönheit der koranischen Sprache auch in der deutschen Übersetzung noch ahnen.

In ihrer Aussage beziehen sie sich auf Glaubenssätze, sind Definitionen des göttlichen und menschlichen Wesens. Dabei sind sie in der Ausdrucksweise so knapp gehalten, daß sie zum Teil nur schwer zu verstehen sind.

Im Namen Allahs,
des Erbarmers, des Barmherzigen!
1. *Dehnten wir nicht aus* deine Brust[1]
2. und nahmen ab von dir deine Last[2],
3. die deinen Rücken bedrückte,
4. und erhöhten für dich deinen Namen?

Koranseiten: 1. Sure (rechts) und Beginn der 2. Sure (links).

5. Drum siehe, mit dem Schweren kommt das Leichte.
6. Siehe, mit dem Schweren kommt das Leichte!
7. Und wenn du Zeit hast, dann mühe dich[3]
8. und trachte nach deinem Herrn.

94. Sure: Dehnten wir nicht aus?

Im Namen Allahs,
des Erbarmers, des Barmherzigen!
1. Bei der *Feige* und dem Ölbaum
2. und dem Berge Sinai
3. und diesem sichern Land![4]
4. Wahrlich, wir erschufen den Menschen in schönster Gestalt. 5. Alsdann machten wir ihn wieder zum Niedrigsten der Niedrigen:[5] 6. Außer denen, die da glauben und das Rechte tun; ihnen wird ein unverkürzter Lohn.
7. Und was macht dich hernach das Gericht leugnen? 8. Ist nicht Allah der gerechteste Richter?

95. Sure: Die Feige

Im Namen Allahs,
des Erbarmers, des Barmherzigen!
1. Trag vor (rezitiere) im Namen deines Herrn, der erschuf, 2. erschuf den Menschen aus geronnenem Blut.[6]
3. Trage vor (rezitiere), denn dein Herr ist allgütig, 4. der die Feder[7] gelehrt, 5. gelehrt den Menschen, was er nicht gewußt.
6. Fürwahr! Siehe, der Mensch ist wahrlich frevelhaft[8], 7. wenn er sich

in Reichtum[9] sieht. 8. Siehe, zu deinem Herrn ist die Rückkehr.
9. Sahst du den, der da wehrt
10. einem Knecht (Allahs,) wenn er betet?
11. Sahst du, ob er geleitet war
12. oder Gottesfurcht gebot? 13. Sahst du, ob er der Lüge zieh und sich abkehrte?
14. Weiß er nicht, daß Allah sieht?
15. Fürwahr, wahrlich, wenn er nicht abläßt, so ergreifen wir ihn bei der Stirnlocke, 16. der lügenden, sündigen Stirnlocke. 17. So rufe er seine Schar[10]; 18. wir werden die Höllenwache[11] rufen. 19. Fürwahr, gehorche ihm nicht, sondern wirf dich nieder und nahe dich (Allah).

96. Sure: Das geronnene Blut

Im Namen Allahs,
des Erbarmers, des Barmherzigen!
1. Siehe, wir haben ihn[12] in der Nacht *El-Qadr*[13] geoffenbart. 2. Und was lehrt dich wissen, was die Nacht El-Qadr ist? 3. Die Nacht El-Qadr ist besser als tausend Monate. 4. Hinab steigen die Engel und der Geist in ihr mit ihres Herrn Erlaubnis zu jeglichem Geheiß[14]. 5. Frieden ist sie bis zum Aufgang der Morgenröte.

97. Sure: Die Nacht

Im Namen Allahs,
des Erbarmers, des Barmherzigen!
1. Nicht eher wurden die Ungläubigen von dem Volke der Schrift[15] und die Götzenanbeter abtrünnig, als bis der *deutliche Beweis*[16] zu ihnen kam:
2. Ein Gesandter von Allah, der reine Seiten verliest[17], darinnen wahrhafte Schriften sind. 3. Und nicht eher spalteten sich die, denen die Schriften gegeben wurden, als nachdem zu ihnen der deutliche Beweis kam.
4. Doch nichts anders ward ihnen geheißen, als Allah zu dienen, reinen Glaubens und lauter, und das Gebet zu verrichten und die Armenspende zu zahlen; denn das ist der wahrhafte Glauben.
5. Siehe, die Ungläubigen vom Volk der Schrift[18] und die Götzendiener werden in Dschehannams Feuer kommen und ewig darinnen verweilen. Sie sind die schlechtesten der Geschöpfe. 6. Doch die Gläubigen und die, welche das Rechte tun, sie sind die besten Geschöpfe. 7. Ihr Lohn bei ihrem Herrn sind Edens Gärten, durcheilt von Bächen, ewig und immerdar darinnen zu verweilen.
8. Zufrieden mit ihnen ist Allah, und sie sind zufrieden mit ihm. Solches für den, welcher seinen Herrn fürchtet.

98. Sure: Der deutliche Beweis

Im Namen Allahs,
des Erbarmers, des Barmherzigen!
1. Wenn die Erde erbebt in ihrem *Beben,*
2. und die Erde herausgibt ihre Lasten[19],
3. und der Mensch spricht: „Was fehlt ihr?“
4. An jenem Tage wird sie ihre Geschichten erzählen,
5. weil dein Herr sie inspiriert.
6. An jenem Tage werden die Menschen in Haufen hervorkommen, um ihre Werke zu schauen; 7. und wer auch nur Gutes im Gewicht eines Stäubchens getan, wird es sehen.
8. Und wer Böses im Gewicht eines Stäubchens getan, wird es sehen.

99. Sure: Das Erdbeben

Detail eines Korans aus dem 14. Jahrhundert. Schriftzug: „Allah".

Im Namen Allahs,
des Erbarmers, des Barmherzigen!
1. Bei den schnaubenden *Rennern*[20]
2. und den Funken stampfenden
3. und den am Morgen anstürmenden
4. und darin den Staub aufjagenden
5. und darin die Schar[21] durchbrechenden!
6. Siehe, der Mensch ist wahrlich undankbar gegen seinen Herrn,
7. und siehe, hierfür ist er (selbst) ein Zeuge. 8. Und siehe, stark ist seine Liebe zum (irdischen) Guten. 9. Weiß er denn nicht, wenn das, was in den Gräbern, herausgerissen wird, 10. und an den Tag kommt, was in der Brust (der Menschen) ist – 11. daß ihr Herr sie wahrlich an jenem Tage kennt?

100. Sure: Die Renner

Anmerkungen zu den mekkanischen Suren:

1 D.h. haben wir dir nicht (nach deiner Mutlosigkeit) Mut gemacht. Auf diesen Vers gründet sich die Legende von der „Reinigung des Herzens", nach der dem kleinen Mohammed eines Tages zwei Engel die „Brust öffneten" und sein Inneres reinigten. Diese Legende entstammt dem verbreiteten Erzählgut über die Initiation von Ekstatikern und Schamanen; sie wird ursprünglich nur mit der in 17,1 erwähnten Himmelfahrt verbunden gewesen sein.
2 Der Sünden oder des Heidentums.
3 D.h. wahrscheinlich: widme dich ganz den religiösen Übungen. Der Vers ist unklar.
4 Der heilige Bezirk von Mekka.
5 Im Alter oder Tode? Die Übersetzung von Vers 4f ist unsicher.
6 Oder: aus einem Embryo. Vielleicht auch: aus einer Anhänglichkeit (Blachère).
7 Oder: mit dem Schreibrohr. Anspielung auf die himmlische Offenbarungsurkunde.
8 Oder: handelt vermessen. Vers 6 – 19 wird verschiedentlich auf einen bestimmten Gegner Mohammeds, namens Abu Dschahl, bezogen, der nach der Legende angedroht hatte, seinen Fuß auf Mohammeds Nacken zu setzen, falls er ihn beim Gebet antreffen würde. Sicherlich handelt es sich um Angriffe gegen den Gottesdienst der jungen Gemeinde.
9 Oder: weil er sich unabhängig wähnt.
10 Eigtl. „seinen Klan".
11 Unsicher. (Erz-)Engel (Blachère). Höllenschergen (Paret).
12 Der Koran (so die Muslime) oder der Engel bzw. Geist der Offenbarung.
13 D.h. die „Nacht der (göttlichen) Bestimmung" oder „Zumessung" (lailat al-qadr). In ihr soll Gabriel den Koran aus dem siebenten Himmel zu Mohammed herniedergebracht haben. Die Herkunft und ursprüngliche Bedeutung des Ausdruckes ist noch ungeklärt (Name der altarabischen Neujahrsnacht?). Vermutlich hat ihn Mohammed rückblickend auf sein Berufungserlebnis, das in einer Nacht stattfand, geprägt.
14 Unsicher. Eher: „wegen jeder Ordnung (amr)", oder „aus jedem Logos".
15 Die Juden von Medina.
16 Die Sendung Mohammeds bzw. sein Koran.
17 D.h. aus dem himmlischen Original aller Offenbarungsbücher.
18 Die Juden von Medina.
19 D.h. die Toten.
20 Oder: Stuten.
21 Der Feinde? Die spätere islamische Exegese bezieht diese Verse auf die Schlacht von Badr. Blachère vermutet hinter „Schar" den alten Ortsnamen Dscham' von Muzdalifa (oder des Platzes zwischen Arafa und Mina) und sieht in Vers 1 – 5 eine Anspielung auf die den zeremoniellen Lauf zwischen Arafa und Muzdalifa bzw. Mina begleitenden Kamele.

Die wesentlich längeren medinensischen Suren entstanden zu einer Zeit, als Mohammed Staatsoberhaupt über seine neuentstandene islamische Umma war. Daher sind sie zu einem gewichtigen Teil gesetzgeberischer Natur und sollen das Zusammenleben in der Gemeinschaft regeln. Als Beispiel seien hier einige Stellen zum sittlichen Verhalten und zum Umgang mit Frauen zitiert.

27. O ihr, die ihr glaubt, gehet nicht ein in Häuser, die nicht eure Häuser sind, bevor ihr um Erlaubnis gebeten und ihre Bewohner begrüßt habt. Solches ist besser für euch; vielleicht lasset ihr euch ermahnen. 28. Und wenn ihr niemand darinnen findet, so tretet nicht eher ein, als bis euch Erlaubnis gegeben ward; und wenn zu euch gesprochen wird: „Kehret um!“, so kehret um; das ist reiner für euch. Und Allah weiß, was ihr tut. 29. Es ist keine Sünde, wenn ihr unbewohnte Häuser betretet, in denen ihr Bequemlichkeit findet. Und Allah weiß, was ihr offen tut und was ihr verbergt.
30. Sprich zu den Gläubigen, daß sie ihre Blicke zu Boden schlagen und ihre Scham hüten. Das ist reiner für sie. Siehe, Allah kennt ihr Tun.
31. Und sprich zu den gläubigen Frauen, daß sie ihre Blicke niederschlagen und ihre Scham hüten und daß sie nicht ihre Reize zur Schau tragen, es sei denn, was außen ist, und daß sie ihren Schleier über ihren Busen schlagen und ihre Reize nur ihren Ehegatten zeigen oder ihren Vätern oder den Vätern ihrer Ehegatten oder ihren Söhnen oder den Söhnen ihrer Ehegatten oder ihren Brüdern oder den Söhnen ihrer Brüder oder den Söhnen ihrer Schwestern oder ihren Frauen oder denen, die ihre Rechte besitzt[1], oder ihren Dienern, die keinen Trieb haben, oder Kindern, welche die Blöße der Frauen nicht beachten. Und sie sollen nicht ihre Füße zusammenschlagen, damit nicht ihre verborgene Zierat bekannt wird. Und bekehret euch zu Allah allzumal, o ihr Gläubigen; vielleicht ergeht es euch wohl. 32. Und verheiratet die Ledigen unter euch und eure braven Diener und Mägde. So sie arm sind, wird Allah sie reich machen aus seinem Überfluß, denn Allah ist allumfassend und wissend. 33. Und diejenigen, welche niemand zur Ehe finden, mögen keusch leben, bis Allah sie aus seinem Überfluß reich macht. Und diejenigen von denen, die eure Rechte besitzt, und die ein Schriftstück[2] begehren – schreibt es ihnen, wenn ihr Gutes in ihnen wisset, und gebet ihnen von Allahs Gut, das er euch gegeben. Und zwingt nicht eure Sklavinnen zur Hurerei, so sie keusch leben wollen, im Trachten nach dem Gewinn des irdischen Lebens. Und wenn sie einer zwingt, siehe, so ist Allah, nachdem sie gezwungen wurden, vergebend und barmherzig.

24. Sure: Das Licht

23. O ihr, die ihr glaubt, nicht ist euch erlaubt, Frauen wider ihren Willen als Erbe zu erhalten.[3] Und hindert sie nicht an der Verheiratung mit einem andern, um einen Teil von dem, was ihr ihnen gabt, ihnen zu nehmen, es sei denn, sie hätten offenkundig Hurerei begangen. Verkehrt in Billigkeit mit ihnen; und so ihr Abscheu wider sie empfindet, empfindet ihr vielleicht Abscheu wider etwas, in das Allah reiches Gut gelegt hat. 24. Und

so ihr eine Gattin gegen eine andere eintauschen wollt und ihr habt der einen ein Talent gegeben, so nehmt nichts von ihm fort. Wolltet ihr es etwa fortnehmen in Verleumdung und offenbarer Sünde? 25. Und wie könntet ihr es fortnehmen, wo ihr einander bereits beiwohntet und sie von euch einen festen Bund empfingen?
26. Und heiratet nicht Frauen, die eure Väter geheiratet hatten, es sei denn bereits zuvor geschehen. Siehe, es ist eine Schande und ein Abscheu und ein übler Weg. 27. Verwehrt sind euch eure Mütter, eure Töchter, eure Schwestern, eure Vatersschwestern und Mutterschwestern, eure Brudertöchter und Schwestertöchter, eure Nährmütter und Milchschwestern und die Mütter eurer Frauen und eure Stieftöchter, die in eurem Schutze sind, von euern Frauen, die ihr heimsuchtet. Habt ihr sie jedoch noch nicht heimgesucht, so ist's keine Sünde. Ferner die Ehefrauen eurer Söhne aus euern Lenden; und nicht sollt ihr zwei Schwestern zusammen haben, es sei denn bereits geschehen. Siehe, Allah ist verzeihend und barmherzig.

4. Sure: Die Frauen

Ansicht Madīnas. Türkische Miniatur aus dem 19. Jahrhundert.

222. Und sie werden dich über die Reinigung[4] befragen. Sprich: „Sie ist ein Schaden." Enthaltet euch daher eurer Frauen während der Reinigung und nahet ihnen nicht eher, als bis sie rein sind. Sind sie jedoch rein, so suchet sie heim, wie Allah es euch geboten hat. Siehe, Allah liebt die sich Bekehrenden und liebt die sich Reinigenden. 223. Eure Frauen sind euch ein Acker.[5] Gehet zu euerm Acker, von wannen ihr wollt; aber schicket (etwas) zuvor für eure Seelen und fürchtet Allah und wisset, daß ihr ihm begegnen werdet. Und verkünde Freude den Gläubigen.
224. Und machet Allah nicht zum Ziel für eure Schwüre, daß ihr fromm und gottesfürchtig sein wollt und Frieden stiftend unter den Menschen. Allah ist hörend und wissend.
225. Allah wird euch nicht strafen für ein Unbedachtes in euern Schwüren; jedoch wird er euch bestrafen für eurer Herzen Absicht. Allah ist verzeihend und milde.

226. Für die, welche schwören, sich von ihren Frauen zu trennen, seien vier Monate Wartezeit festgesetzt. Geben sie dann ihr Vorhaben auf, siehe, so ist Allah verzeihend und barmherzig. 227. Und so sie zur Scheidung entschlossen sind, siehe, so ist Allah hörend und wissend.
228. Und die geschiedenen Frauen sollen warten, bis sie dreimal die Reinigung gehabt haben, und es ist ihnen nicht erlaubt, zu verheimlichen, was Allah in ihren Schößen erschaffen hat, so sie an Allah glauben und an den Jüngsten Tag. Und geziemender ist es für ihre Eheherren, sie in diesem Zustande zurückzunehmen, so sie sich aussöhnen wollen. Und sie sollen (gegen ihre Gatten) verfahren, wie (jene) gegen sie in Güte; doch haben die Männer den Vorrang vor ihnen; und Allah ist mächtig und weise.
229. Die Scheidung ist zweimal (erlaubt); dann aber müßt ihr sie in Güte behalten oder mit Gut entlassen. Und es ist euch nicht erlaubt, etwas von dem, was ihr ihnen gabt, zu nehmen, außer es fürchteten beide, nicht Allahs Gebote halten zu können. Und so ihr fürchtet, daß beide Allahs Gebote nicht halten können, so begehen beide keine Sünde, wenn sie sich mit etwas loskauft.[6] Dies sind Allahs Gebote; übertretet sie daher nicht; denn wer Allahs Gebote übertritt, das sind Ungerechte. 230. Und so er sie (ein drittes Mal) entläßt, so ist sie ihm nicht mehr erlaubt, ehe sie nicht einen andern Gatten geheiratet hat. Wenn dieser sie entläßt, so begehen beide keine Sünde, wenn sie wieder zueinander zurückkehren, im Glauben, Allahs Gebote erfüllen zu können. Und dies sind die Gebote Allahs, die er verständigen Leuten klarmacht.
231. Und so ihr euch von euern Frauen scheidet und sie ihre Frist erreicht haben, so haltet sie fest in Güte oder entlasset sie in Güte; und haltet sie nicht fest mit Gewalt, so daß ihr euch vergeht. Wer dieses tut, der sündigt wider sich. Und treibt nicht Spott mit Allahs Zeichen und gedenket der Gnade Allahs gegen euch und des Buches und der Weisheit, die er zu euch hinabsandte, euch damit zu ermahnen. Und fürchtet Allah, und wisset, daß Allah jedes Ding weiß.

2. Sure: Die Kuh

Ein zweiter wichtiger Bestandteil der medinensischen Suren ist die Schöpfungs- und Offenbarungsgeschichte des Islam. Aus den folgenden Stellen wird deutlich, wie eng der Koran mit der christlichen und der jüdischen Religionsgeschichte verknüpft ist.

37. Und (gedenke,) da die Engel sprachen: „O Maria, siehe, Allah hat dich auserwählt und hat dich gereinigt und hat dich erwählt vor den Frauen aller Welt. 38. O Maria, sei andachtsvoll zu deinem Herrn und wirf dich nieder und beuge dich mit den sich Beugenden.“ 39. Dies ist eine der Verkündigungen des Verborgenen, die wir dir[7] offenbaren. Denn nicht warst du bei ihnen, als sie ihre Rohre[8] warfen, wer von ihnen Maria pflegen sollte. Und nicht warst du bei ihnen, als sie miteinander stritten. 40. (Gedenke,) da die Engel sprachen: „O Maria, siehe, Allah verkündet dir ein Wort von ihm; sein Name ist der Messias Jesus, der Sohn der Maria, angesehen hie-

nieden und im Jenseits und einer der (Allah) Nahen. 41. Und reden wird er mit den Menschen in der Wiege und in der Vollkraft, und er wird einer der Rechtschaffenen sein." 42. Sie sprach: „Mein Herr, woher soll mir ein Sohn werden, wo mich kein Mann berührte?" Er sprach: „Also schafft Allah, was er will; wenn er ein Ding beschlossen hat, spricht er nur zu ihm: ‚Sei!', und es ist." 43. Und er wird ihn lehren das Buch und die Weisheit und die Tora und das Evangelium und wird ihn entsenden zu den Kindern Israel. (Sprechen wird er:) „Siehe, ich komme zu euch mit einem Zeichen von euerm Herrn. Siehe, ich will euch erschaffen aus Ton die Gestalt eines Vogels und will in sie hauchen, und sie soll werden ein Vogel mit Allahs Erlaubnis; und ich will heilen den Mutterblinden und Aussätzigen und will die Toten lebendig machen mit Allahs Erlaubnis, und ich will euch verkünden, was ihr essen und was ihr aufspeichern sollt in euern Häusern. Siehe, hierin ist wahrlich ein Zeichen für euch, so ihr gläubig seid. 44. Und als ein Bestätiger (komme ich) von der Tora, die vor mir war, und um euch zu erlauben einen Teil von dem, was euch verwehrt war; und ich komme zu euch mit einem Zeichen von euerm Herrn. So fürchtet Allah und gehorchet mir; siehe, Allah ist mein Herr und euer Herr, drum dienet ihm. Dies ist ein rechter Weg." 45. Und als Jesus ihren Unglauben wahrnahm, sprach er: „Welches sind meine Helfer zu Allah hin?" Es sprachen die Jünger: „Wir sind Allahs Helfer; wir glauben an Allah, und bezeugen, daß wir Muslime sind.[9] 46. Unser Herr, wir glauben an das,

Jesus auf der Spitze des Minaretts von Damaskus. Persische Miniatur aus dem 17. Jahrhundert.

was du hinabgesandt hast, und folgen dem Gesandten. Drum schreib uns unter die Bezeugenden." 47. Und sie schmiedeten Listen, und Allah schmiedete Listen; und Allah ist der beste Listenschmied. 48. (Gedenke,) da Allah sprach: „O Jesus, siehe, ich will dich verscheiden lassen und will dich erhöhen zu mir und will dich von den Ungläubigen säubern und will deine Nachfolger über die Ungläubigen setzen bis zum Tag der Auferstehung. Alsdann ist zu mir eure Wiederkehr, und ich will richten zwischen euch über das, worin ihr uneins seid. 49. Was aber die Ungläubigen anlangt, so werde ich sie peinigen mit schwerer Pein hienieden und im Jenseits; und nicht werden sie Helfer finden."

3. Sure: Das Haus Imrān

4. Als Joseph zu seinem Vater sprach: „O mein Vater, siehe, ich sah elf Sterne, und die Sonne und den Mond, ich sah sie, wie sie sich vor mir niederwarfen" – 5. sprach Jakob: „Mein Söhnchen, erzähle dein Gesicht nicht deinen Brüdern, sonst möchten sie dir eine List planen; siehe, der Satan ist den Menschen ein offenkundiger Feind. 6. Und gemäß diesem wird dich dein Herr erlesen und wird dich lehren die Deutung der Geschichten und wird seine Gnade an dir vollenden und an dem Hause Jakobs, gleichwie er sie vollendete an deinen Vätern zuvor, an Abraham und Isaak. Siehe, dein Herr ist wissend und weise."
7. Wahrlich, in Joseph und seinen Brüdern waren Zeichen für die Fragenden: 8. Da sie sprachen: „Wahrlich, Joseph und sein Bruder[10] sind unserm Vater lieber als wir, wiewohl wir eine Schar sind. Siehe, unser Vater ist wahrlich in offenkundigem Irrtum; 9. tötet Joseph oder treibt ihn in die Ferne. Eures Vaters Angesicht wird euch dann wieder gehören, und nach seiner Entfernung werdet ihr rechtschaffene Leute sein." 10. Einer unter ihnen aber sprach: „Tötet Joseph nicht, sondern werft ihn in die Tiefe der Zisterne. Eine der Karawanen wird ihn dann herausziehen, so ihr es tut." 11. Sie sprachen: „O unser Vater, warum vertraust du uns nicht Joseph an? Siehe wahrlich, wir meinen es gut mit ihm. 12. Schicke ihn morgen mit uns, damit er sich erfreue und spiele;

Jesus, von Engeln getragen. Persische Miniatur.

und siehe wahrlich, wir wollen ihn hüten!" 13. Er sprach: „Siehe wahrlich, mich betrübt es, daß ihr ihn wegnehmen wollt. Und ich fürchte, der Wolf möchte ihn fressen, wenn ihr nicht acht auf ihn gebt." 14. Sie sprachen: „Wahrlich, wenn ihn der Wolf fräße, wo wir eine Schar sind, siehe wahrlich, dann soll es uns übel ergehen!" 15. Und als sie mit ihm abgezogen waren und sich geeinigt hatten, ihn in die Tiefe der Zisterne zu werfen, da offenbarten wir ihm: „Wahrlich, verkünden wirst du ihnen diese ihre Handlung, ohne daß sie dich erkennen.“ 16. Und des Abends kamen sie weinend zu ihrem Vater. 17. Sie sprachen: „O unser Vater, siehe, wir liefen um die Wette fort und ließen Joseph bei unsern Sachen zurück, und da fraß ihn der Wolf. Du aber glaubst uns doch nicht, auch wenn wir die Wahrheit sprächen.“ 18. Und sie brachten sein Hemd mit falschem Blut. Er sprach: „Nein; erdichtet habt ihr euch etwas; also (gilt) geziemende Geduld und die Anrufung Allahs um Hilfe wider euern Bericht.“ 19. Und es kam eine Karawane, und sie schickten ihren Wasserschöpfer aus, und er ließ seinen Eimer hinab. Da rief er: „O Glück! Hier ist ein Jüngling!“ Und sie verbargen ihn als Ware, Allah aber wußte ihr Tun. 20. Und sie verkauften ihn für einen winzigen Preis, für ein paar Dirhem, denn sie verabscheuten ihn. 21. Und es sprach sein Käufer, ein Ägypter, zu seiner Frau: „Mach seine Wohnung geehrt, vielleicht nützt er uns oder nehmen wir ihn als Sohn an.“ Und so gaben wir Joseph eine Stätte im Lande und lehrten ihn die Deutung der Geschichten. Und Allah ist seiner Sache gewachsen, jedoch wissen es die meisten Menschen nicht.

12. Sure: Joseph

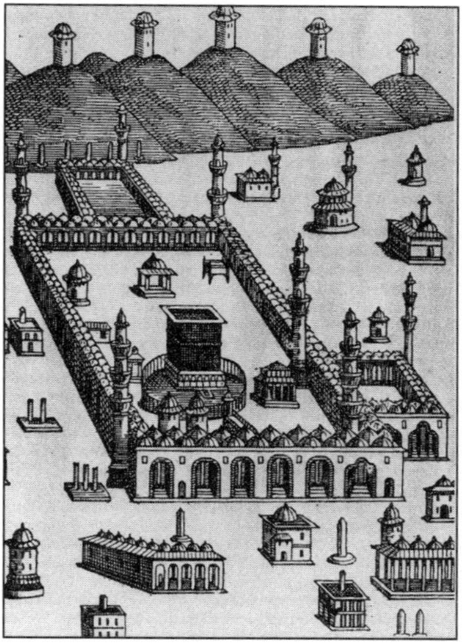

Die Ka'ba in Mekka. Holzschnitt aus dem 18. Jahrhundert.

Doch auch wenn der Koran Juden und Christen mit in die Geschichte der göttlichen Offenbarungen aufnimmt, wirft er ihnen doch vor, die wahre Lehre entstellt und zum Teil vergessen zu haben.

15. Und wahrlich, es schloß Allah einen Bund mit den Kindern Israel, und aus ihnen erweckten wir zwölf Führer[11], und es sprach Allah: „Siehe, ich bin mit euch. Fürwahr, wenn ihr das Gebet verrichtet und die Armenspende zahlt und an meine Gesandten glaubt und ihnen helft und Allah eine schöne Anleihe leiht, wahrlich, dann bedecken wir eure Missetaten, und wahrlich, dann führen wir euch ein in Gärten, durcheilt von Bächen. Drum wer nach diesem von euch nicht

glaubt, der ist abgeirrt von dem ebenen Weg." 16. Und dieweil sie den Bund brachen, haben wir sie verflucht und haben ihre Herzen verhärtet. Sie vertauschten die Wörter an ihren Stellen und vergaßen einen Teil von dem, was ihnen gesagt ward. Und nicht sollst du ablassen, die Verräter unter ihnen zu entdecken, bis auf wenige. Und vergib ihnen und verzeih; siehe, Allah liebt die Gutes Tuenden.
17. Und mit denen, welche sprechen: „Siehe, wir sind Nazarener"[12], schlossen wir einen Bund. Sie aber vergaßen einen Teil von dem, was ihnen gesagt ward[13]; darum erregten wir Feindschaft und Haß unter ihnen bis zum Tag der Auferstehung. Und sicherlich wird Allah ihnen ansagen, was sie getan. 18. O Volk der Schrift, nunmehr ist unser Gesandter zu euch gekommen, euch vieles von der Schrift kundzutun, was ihr verbargt, und um vieles zu übergehen. Gekommen ist nunmehr zu euch von Allah ein Licht und ein klares Buch, mit dem Allah leitet, wer seinem Wohlgefallen nachgeht, zu Wegen des Heils, und sie herausführt aus den Finsternissen zum Licht mit seiner Erlaubnis und sie leitet auf einen rechten Pfad.
19. Wahrlich, ungläubig sind, die da sprechen: „Siehe, Allah, das ist der Messias[14], der Sohn der Maria." Sprich: „Und wer hätte über Allah Macht, so er den Messias, den Sohn der Maria, und seine Mutter und, wer auf der Erde allzumal, vernichten wollte?" 20. Und Allahs ist das Reich der Himmel und der Erde und was dazwischen. Er erschafft, was er will, und Allah hat Macht über alle Dinge.
21. Und es sprechen die Juden und die Nazarener: „Wir sind Allahs Kinder und seine Geliebten." Sprich: „Und weshalb straft er euch für eure Sünden?" Nein, ihr seid Menschen von denen, die er erschaffen. Er verzeiht, wem er will, und Allahs ist das Reich der Himmel und der Erde und was dazwischen, und zu ihm ist die Heimkehr.

5. Sure: Der Tisch

Anmerkungen zu den medinensischen Suren:

1 Die Sklavinnen.
2 Eine Freilassungsurkunde für Sklavinnen.
3 Vielleicht eine Absage an die heidnische Sitte der Leviratsehe (= Ehe eines Mannes mit der Frau seines kinderlos verstorbenen Bruders zum Zweck der Kinderzeugung).
4 Die Menstruation.
5 Wörtlich ein gepflügtes, saatfähiges Ackerland.
6 Indem die Frau freiwillig etwas von der Hochzeitsgabe zurückgibt und sie von sich aus die Ehe auflöst.
7 Mohammed.
8 Stäbe zum Losen.
9 D.h. Gott ergeben sind.
10 Benjamin.
11 Die folgenden Verse setzen sich mit den medinensischen Juden auseinander, und zwar zu einer Zeit, als der Prophet schon weithin mit ihnen abgerechnet hatte.
12 Die Christen.
13 Hinweis auf die Uneinheitlichkeit der christlichen Kirchen und Sekten.
14 D.h. Allah (Gott) ist Christus. Mohammed bekämpft hier die Gottheit Christi.

Die Taten des Propheten

Für den sich mit unglaublicher Geschwindigkeit ausbreitenden Islam und das gewaltige Staatswesen, das schon im ersten Jahrhundert nach dem Tod Mohammeds entstand, reichten die Gesetzesvorschriften des Korans bald nicht mehr aus. So begannen die Moslems schon früh, anhand der Berichte der Zeitgenossen Mohammeds die Taten des Propheten zu sammeln und aufzuschreiben. Denn war Mohammed für die Moslems auch nie ein Gott, so hatte sein Tun doch Vorbildcharakter für die islamische Gemeinschaft.

Ibn Isḥāk († 767) wuchs in Madīna auf und machte sich später als Traditionsgelehrter und Schriftsteller einen Namen. In seine „Sīra" (Biographie des Propheten) stellt er den Stifter des Islam erstmalig in einem größeren weltpolitischen Zusammenhang dar und betrachtet ihn vor allem unter dem Blickwinkel des Vollenders des Christen- und Judentums. Das Werk Ibn Isḥāks selbst ist heute verloren und liegt uns nur noch in der Bearbeitung des Ibn Hišām († 833) sowie in einigen Auszügen bei Ṭabarī († 923) vor.

Beschreibung Mohammeds

(...) Er war weder zu groß noch zu klein, von mittlerer Statur; sein Haar war nicht zu kraus und nicht zu wallend; sein Gesicht war nicht zu voll und nicht zu fleischig, es war blaß, mit Röte gemischt.

Er hatte schwarze Augen, lange Augenwimpern, einen starken Kopf und feste Schulterknochen, wenige feine Haare an der Brust, volle Hände und Füße. Er ging so leicht, als schwebte er auf dem Wasser, und wenn er nach einer Seite hinblickte, drehte er sich um.

Zwischen seinen Schultern war das Siegel des Prophetentums. Seine Hände waren die freigebigsten aller Menschen, seine Brust war die mutigste, seine Zunge die wahrhaftigste. Er war der Treueste gegen seine Schützlinge, der Sanfteste und Angenehmste im Umgang.

Wer ihn plötzlich sah, war von Ehrfurcht erfüllt, wer ihm näher kam, liebte ihn, wer ihn beschrieb, mußte sagen: Ich habe vor und nach ihm seinesgleichen nicht gesehen!

Die Nachtreise

[193] Von Mekkā wurde Mohammed nach dem Tempel von Jerusalem getragen... Diese Reise war eine Versuchung und eine Prüfung, ein Befehl Allāhs, des Erhabenen und Allmächtigen, und eine Belehrung für Verständige, eine Rechtleitung, Gnade und Stärkung für die Gläubigen! Es war Allāhs fester Wille, daß Mohammed gemäß seinem Befehle reise, damit er ihm von seinen Wundern zeige, so viele er wollte, und auf daß er einen Blick auf seine Allmacht und Herrschaft werfe, kraft welcher er tut, was er will!

Burāka wurde Mohammed vorgeführt, das Tier, das schon andere Propheten vor ihm trug, das seine Hufe so weit auseinandersetzt, wie das Auge reicht. Gabriel hob ihn hinauf und begleitete ihn; und er sah die Wunder zwischen Himmel und Erde, bis er nach Jerusalem kam.

Dort traf er Abraham, Moses, Christus und andere Propheten, die sich um seinetwillen hier einfanden, und er betete mit ihnen. Dann brachte man ihm drei Gefäße; in dem einen war Milch, in dem anderen Wein, im dritten Wasser.

Als diese Gefäße ihm gereicht wurden, vernahm Mohammed eine Stimme, die rief: Wenn er das Wassergefäß nimmt, werden er und sein Volk ertränkt; greift er aber nach dem Wein, so werden er und sein Volk in Irrtum verfallen; zieht er jedoch die Milch vor, so werden er und sein Volk rechtgeleitet!

Ich nahm daher, so erzählte Mohammed selbst, das Gefäß mit der Milch und trank daraus, und Gabriel sprach zu mir: Du wirst rechtgeleitet werden, o Mohammed, und dein Volk mit dir!

Dann kehrte Mohammed nach Mekkā zurück, und am folgenden Morgen erzählte er es den Kuraischiten. Die meisten Leute sagten: Das ist doch – bei Allāh – eine klare Sache! Mohammed will in einer Nacht die Reise nach Palästina hin und zurück gemacht haben, während eine Kārawāne dazu zwei Monate braucht!

Viele der Muslime fielen wieder vom Islām ab; andere kamen zu Abū Bakr und fragten ihn: Was hältst du von deinem Freunde, welcher behauptet, er sei diese Nacht in Jerusalem gewesen, habe dort gebetet und sei dann wieder hierher zurückgekehrt? – Abū Bakr sprach: Ihr dichtet ihm Lügen an! –

Da sagten sie: Keineswegs! Dort ist er und erzählt es selbst! – Abū Bakr entgegnete: Bei Allāh, wenn er es selbst sagt, so ist es auch wahr, und was ist so Unglaubliches daran? Glaube ich doch, wenn er mir sagt, die Offenbarung komme in einer Stunde des Tages oder der Nacht vom Himmel zur Erde herab, und das ist doch weiter als das, was euch so wunderbar erscheint! –

Danach begab sich Abū Bakr zu Mohammed und sagte: Hast du, o Gesandter, diesen Leuten gesagt, du seiest in Jerusalem gewesen? – Mohammed antwortete: Ja! – Da sprach Abū Bakr: Beschreibe es mir, ich bin schon dort gewesen!

Mohammed begann, die Stadt zu beschreiben, und so oft er einen Stadtteil beschrieben hatte, sagt Abū Bakr: Du hast wahr gesprochen, und ich bezeuge, daß du ein Gesandter Allāhs bist! – Und als Mohammed

Mohammed belagert eine Festung, über ihm der Erzengel Gabriel. Miniatur aus dem 14. Jahrhundert.

geendet hatte, sagte er zu Abū Bakr: Du, Abū Bakr, bist der Wahrhaftige! – Und von diesem Tage an wurde er der Wahrhaftige genannt.

Einer von der Familie Abū Bakrs hat mir erzählt, Āischa habe gesagt: Mohammeds Körper wurde nicht vermißt, vielmehr ließ Allāh seinen Geist reisen! – Und Mohammed pflegte zu sagen: Mein Auge schläft, mein Herz wacht! –

Allāh weiß, wie dies geschah, und in welchem Zustande er – gemäß Allāhs Befehl – dies alles gesehen hat, und ob er wachte oder ob er schlief, es war immerhin wahr!

Die erste Predigt in Madīna

[194] Wie mir von Abū Salama ibn Abdur-Rahmān berichtet worden ist, hat Mohammed in seiner ersten Predigt (...), nachdem er Allāh gelobt und gepriesen hatte, gesagt:

O ihr Leute! Sendet gute Werke für euch voraus! Wisset, bei Allāh, keiner von euch wird dem Tode entrinnen, dann verläßt er seine Herde ohne Hirten, und Allāh wird ohne Dolmetscher und ohne Kämmerer zu ihm sagen: Ist nicht mein Gesandter zu dir gekommen und hat dir meine Botschaft gebracht? Ich habe dir Güter geschenkt und andere Wohltaten erzeigt, und was hast du für deine Seele vorausgeschickt?

Er wird dann nach rechts und nach links schauen und nichts vorfinden; und er wird vorwärts blicken und nichts als die Hölle sehen! Wer sein Gesicht vor der Hölle bewahren kann, und wäre es nur mit einem Stück von einer Dattel, der tue es! Und wer nichts hat, der mag es durch ein gutes Wort tun, denn dadurch wird die Tat von zehn- bis siebenhundertmal vergolten.

Abū ʻAbdullāh Muḥammad Ibn Isḥāk: *„Sīra“* (bei ʻAbdul-Malik Ibn Hišām Ibn Ayyūb al-Himyārī al-Baṣrī)

Al-Buḫārī (810–870), ein Moslem persischer Abstammung, schrieb eine der sechs für die Sunna, die orthodoxe Richtung des Islam, maßgebenden Überlieferungen des Lebens des Propheten. Al-Buḫārī nahm in seine Sammlung nach gründlichen Recherchen nur Überlieferungen auf, deren Überlieferungskette (Isnād) bis zurück in die Zeit Mohammeds einwandfrei war.

[207] (Mohammed): Glauben bedeutet Treue gegenüber Allāh, gegenüber seinem Gesandten, den Führern der Gläubigen und den Gläubigen im allgemeinen!

[208] Anas sagte: Der Gesandte Allāhs sprach: Keiner von euch ist gläubig, ehe ich ihm nicht teurer bin denn sein Vater und sein Sohn und die ganze Menschheit!

[209] Anas berichtete, daß der Prophet sprach: Keiner von euch ist gläubig, ehe er nicht seinen Bruder so liebt, wie er sich selbst liebt!

[210] Anas berichtete, daß der Prophet sprach: Es gibt drei Vorzüge, und wer diese besitzt, der hat von der Süße des Glaubens gekostet: daß Allāh und sein Gesandter ihm teurer sind denn alles andere, daß er einen Menschen liebt, aber nicht um dessentwillen, sondern um Allāhs willen, und daß es ihm ekelhaft wäre, in den Unglauben zurückzuverfallen, wie es ihm ekelhaft wäre, wenn er ins Feuer geworfen würde!

[211] Anas berichtete: Der Prophet sprach: Wenn einer von euch betet, so hält er vertrauliche Zwiesprache mit seinem Herrn!

[212] Abū Huraira berichtete, daß er den Gesandten Allāhs sagen hörte: Sage mir, wenn vor der Tür eines von euch ein Fluß fließt, in dem er fünfmal täglich badet, was meint ihr, wird er wohl Schmutz an ihm lassen? – Sie sagten, es würde kein Schmutz an ihm bleiben. Da sprach er: So ist es mit den fünf täglichen Gebeten, mit denen Allāh alle eure Fehler wegwäscht!

[213] Alkama sagte: Als ich einmal mit Abdullāh zusammen war, sagte er: Wir waren mit dem Propheten zusammen, und er sprach:

Wer in der Lage ist zu heiraten, sollte heiraten, denn es läßt ihn das Auge niedergeschlagen halten und bewahrt ihn vor Unkeuschheit. Und wer nicht heiraten kann, der sollte sich ans Fasten halten, denn es wird eine gute Wirkung auf ihn haben.

[214] Abū Huraira berichtete, daß der Prophet sprach: Die Witwe soll nicht verheiratet werden, ohne daß sie zuvor gefragt wird, und die Jungfrau soll nicht vermählt werden, ehe ihre Zustimmung erlangt ist. –

Sie sagten: O Gesandter Allāhs! Wie soll ihre Zustimmung eingeholt werden? – Er antwortete: Es genügt, wenn sie schweigt!

[215] Abū Huraira berichtete, daß der Prophet sprach: Eine Frau wird aus vier Gründen geheiratet: um ihres Reichtums willen, um der Stellung ihrer Familie willen, um ihrer Schönheit willen, um ihres Charakters willen. So trachte nach der, die einen edlen Charakter besitzt!

[216] Ibn Omar berichtete: Der Gesandte Allāhs sprach: Wenn einer von euch zu einem Hochzeitsfest eingeladen ist, soll er hingehen!

[217] Anas sagte: Der Prophet sah Frauen und Kinder von einer Hochzeit kommen, da erhob sich der

Predigt in einer Moschee.

Prophet und sprach: O Allāh! Ihr seid mir von allen Leuten die am meisten geliebten! – Das sagte er dreimal.

[218] Mikdām berichtete: Der Gesandte Allāhs sprach: Niemand ißt bessere Nahrung denn der, welcher ißt, was er mit seiner Hände Arbeit erwarb!

[219] Barā Ibn Āsib sagte: Der Prophet befahl uns, der Totenbahre zum Grabe zu folgen, die Kranken zu besuchen, die Einladung dessen anzunehmen, der uns zum Essen einlädt, den Unterdrückten zu helfen, den Eid zu halten, den Gruß zu erwidern und für den zu beten, der niest.

[220] Āmir berichtete: Der Prophet sprach: Wenn einer von euch einen Trauerzug sieht, ohne ihn zu begleiten, soll er stehen bleiben, bis der Sarg vorüber oder hinabgesenkt ist.

[221] Dschābir sagte: Ein Leichenzug kam bei uns vorbei, und der Prophet erhob sich seinetwegen, und wir standen auch auf. Dann sagten wir: O Gesandter Allāhs! Es ist der Leichenzug eines Juden! – Er aber antwortete: Wenn ihr einen Leichenzug seht, erhebt euch! –

Abū ʿAbdullāh Muḥammad Ibn Ismāʿīl al-Ǧūfī al-Buḫārī: *„Ǧāmī as-Saḥīḥ"*

Die islamische Rechtsprechung

Ausgehend vom Koran und der „Sīra" entwickelten die gelehrten Moslems des 7. bis 10. Jahrhunderts ein Rechtssystem, das die Rechtsprechung in dem inzwischen ganz Nordafrika, Spanien und weite Teile Asiens umfassenden islamischen Reich regeln sollte. Dabei entstanden vier verschiedene Rechtsschulen, die Mālikiten, die Ḥanafiten, die Šāfi'iten und die Ḥanbaliten, die gleichberechtigt nebeneinander stehen.

Die Šari'a, das islamische Gesetz, ist nicht in unserem Sinne ein Gesetzescodex, sondern gleichzeitig Ausdruck der göttlichen Weltordnung und damit auch Koranexegese. Die vier oben genannten Rechtsschulen sind nach dem Verständnis der Moslems nicht mehr erweiterbar. Das Rechtswerk der Imame, das in der Šī'a Anwendung findet, wird von den Sunniten nicht als rechtmäßig anerkannt.

Das älteste Gesetzeswerk stammt von dem Medinenser Abū 'Abdullāh Mālik Ibn Anas († 795) und ist heute vor allem in den maghrebinischen Staaten verbreitet.

Wer den Islām verläßt...

[197] Mālik von Said ibn Aslam. Der Prophet hat gesagt: Wer seine Religion wechselt, dessen Nacken müßt ihr schlagen. –

Die Bedeutung der Worte des Propheten ist, wie uns scheint, und Allāh weiß es am besten:

Wer den Islām verläßt und zu einer anderen Religion – die nicht in offenem Bekenntnis sondern nur in geheimer Abtrünnigkeit vom wahren Glauben bei äußerlicher Zugehörigkeit zu demselben besteht – übertritt, solche Leute werden getötet, wenn ihr Abfall offenbar wird.

Und solchen Leuten gegenüber werden keine Bekehrungsversuche angewendet, denn die (Aufrichtigkeit ihrer) Bekehrung kann nicht erkannt werden, da sie doch auch vorher im geheimen Ungläubige waren, indes sie öffentlich den Islām bekannten.

Ein Moslem beim Lesen des Korans.

Ich denke nicht, daß man folglich an solchen Bekehrungsversuche machen soll, da ihr (bekennendes) Wort nicht angenommen werden kann.

Jenen aber, der ganz offen vom Islām zu einer anderen Religion abfällt, den muß man erst zu bekehren versuchen. Bekehrt er sich, so ist es gut, wenn aber nicht, so wird er getötet.

Trifft es sich nun, daß Leute dies tun, so ist meine Meinung, daß sie zum Islām zurückgerufen werden sollen und daß man sie zu bekehren versuche. Bekehren sie sich, so wird dies angenommen; bekehren sie sich nicht, so werden sie getötet.

Jene sind (im obengenannten Ausspruch des Propheten) nicht gemeint, die vom Judentum zum Christentum übertreten oder umgekehrt, oder Bekenner anderer Religionen, welche die Religion, zu der sie gehören, mit einer anderen vertauschen – es sei denn, daß sie den Islām verlassen.

Wer aus dem Islām zu einer anderen Religion übertritt und dies offen bekennt, der ist gemeint. Und Allāh ist der Allwissende!

Abū ʿAbdullāh Mālik Ibn Anas Ibn Mālik Ibn Abū Āmīr Ibn ʿAmr Ibn al-Ḫāris Ibn Ġaimān Ibn Ḫusail Ibn ʿAmr Ibn al-Ḥāris al-Aṣbaḥī: *„Kitāb ul-Muwatta"*

Aš-Šāfiʿi († 820), der Begründer der Šafiʿitischen Rechtsschule und Schüler Māliks, gilt auch als der Begründer der islamischen Rechtswissenschaft. Aus dem folgenden Text wird deutlich, auf welche Weise man – nach islamischer Auffassung – zur Rechtsfindung gelangen kann.

Über den Idschmā

[= Übereinstimmung der Gelehrten in theologischen und Rechtsfragen]

[198] Schāfiʾī sagt: Jemand sagt zu mir: Ich habe deine Methode bezüglich der Vorschriften Allāhs und der Vorschriften seines Propheten verstanden, und daß, wer sich nach dem Propheten richtet, sich nach Allāh richtet, indem Allāh den Gehorsam gegenüber seinem Propheten (jedem) zur Pflicht gemacht hat.

Auch ist deine Behauptung bewiesen, daß kein Muslim, der einen Korāntext oder eine Sunna kennt, das Gegenteil von einem von ihnen behaupten darf, und ich habe eingesehen, daß dies eine Vorschrift Allāhs ist.

Was ist nun aber dein Beweis dafür, daß du dich nach dem richtest, worin die Leute übereinstimmen, wenn es darüber keinen Text einer Vorschrift Allāhs gibt und man auch vom Propheten keinen solchen überliefert: behauptest du das, was andere meinen, nämlich, daß ihr Idschmā stets nur auf einer feststehenden Sunna beruhen kann, auch wenn sie sie nicht überliefern?

Dem antworte ich:

Das, worüber sie einer Meinung sind und von dem sie angeben, daß es eine Überlieferung vom Propheten ist, das ist so, wie sie behaupten, wenn Allāh will.

Moslems beim Gebet in der Wüste.

Darin aber, was sie nicht (vom Propheten) überliefern, sondern vielleicht auf Grund einer Überlieferung vom Propheten behaupten, vielleicht aber auch nicht, so daß wir es nicht als eine Überlieferung von ihm ansehen dürfen – da man nur das (weiter) überliefern darf, was man gehört hat –, wenn es jemand auf Grund einer Vermutung überliefert, wobei (auch) das Gegenteil von dem, was er behauptet, der Fall sein kann:

Darin behaupten wir dasselbe wie sie auf ihre Autorität hin, weil wir wissen, daß ihre Gesamtheit sich dann von den Sunnas des Propheten nicht entfernen konnte, wenn auch ein Teil von ihnen sich davon entfernen konnte, und weil wir wissen, daß ihre Gesamtheit in keiner Abweichung von der Sunna des Propheten und in keinem Irrtum übereinstimmen kann, wenn Allāh will. –

Er erwidert:

Gibt es etwas, das das beweist und bekräftigt? –

Da antworte ich:

Man hat uns berichtet, daß der Prophet gesagt hat: Allāh segne einen Menschen, der mein Wort hört, es behält, bewahrt und weitergibt. Mancher übermittelt Wissenschaft ohne (selbst) gelehrt zu sein, und mancher übermittelt Wissenschaft einem, der gelehrter ist als er (selbst).

Drei Dinge sind es, bei deren Übung das Herz eines Muslim nicht irren kann: das aufrichtige Handeln gegenüber Allāh, der gute Rat gegenüber den Muslimen und das Festhalten an der Gemeinschaft der Muslime; denn das, wozu sie auffordern, umschließt sie ganz. –

Schāfi'ī sagt: Man hat uns berichtet, daß Omar ibn Al-Chattāb in Al-Dschābija auftrat, um eine Ansprache zu halten, und sprach: Der Prophet ist unter uns gewesen, wie ich unter euch bin, und hat gesagt: Ehret meine Gefährten, dann die nach ihnen kommen, dann die nach diesen kommen. Dann wird sich die Lüge zeigen, so daß man schwören wird, ohne zum Schwören aufgefordert zu sein, und Zeugnis ablegen wird, ohne zum Zeugnis aufgefordert zu sein.

Wen es erfreut, in der Mitte des Paradieses zu wohnen, wohlan, der soll an der Gemeinschaft festhalten, denn der Teufel ist mit den Vereinzelten, aber (schon) von zweien hält er sich ferner. Kein Mann soll mit einer (fremden) Frau allein sein, denn der Teufel ist der dritte bei ihnen. Wen seine gute Tat erfreut und seine schlechte Tat betrübt, der ist ein Gläubiger. –

Schāfi'ī sagt: Er erwidert: Was bedeutet denn der Befehl des Propheten, an ihrer Gemeinschaft festzuhalten? – Ich antworte: Er hat nur eine einzige Bedeutung. – Er erwidert: Wieso kann er nur eine einzige haben? – Ich antworte:

Da ihre Gemeinschaft über die Länder verstreut ist, so daß niemand imstande ist, sich der körperlichen Gemeinschaft verstreuter Leute anzuschließen, und da die körperlichen (Gemeinschaften) tatsächlich aus Muslimen und Ungläubigen, Frommen und Sündhaften bestehen, so ergibt das Festhalten an der körperlichen (Gemeinschaft) keinen Sinn, weil es unmöglich ist und weil die körperliche Gemeinschaft zu nichts dient.

Daher hat das Festhalten an ihrer Gemeinschaft nur den Sinn, daß man dasselbe für erlaubt und für verboten hält und in beiden ebenso gehorsam ist wie ihre Gemeinschaft. Wer das behauptet, was die Gemeinschaft der Muslime behauptet, der hält an ihrer Gemeinschaft fest.

Und wer von dem abweicht, was die Gemeinschaft der Muslime behauptet, der weicht von ihrer Gemeinschaft ab, an der festzuhalten ihm befohlen ist. Der Irrtum entsteht in der Absonderung. In der Gemeinschaft gibt es durchaus keinen Irrtum über die Bedeutung des Korān, der Sunna und des Kijās – wenn Allāh will!

Al-Imām Abū 'Abdullāh Muḥammad Ibn Idrīs aš-Šāfi'ī: *„Kitāb al-Umm“*

Der Islam heute

Der Krieg, bzw. die ständig schwelenden Spannungen zwischen Iran und Irak, die Unruhen in Aserbaidschan, der Bürgerkrieg in Afghanistan und dem Libanon und die Bewegung des islamischen Fundamentalismus in fast allen islamischen Staaten – insbesondere seit der Revolution des Ayatollah Khomeini – deuten darauf hin, wie sehr sich die heutige islamische Welt im Umbruch befindet.

Ayatollah Ruhollah Khomeini.

Eine der tiefen Wurzeln der Konflikte in der arabischen Welt liegt in der Spaltung des Islam schon im ersten Jahrhundert nach Mohammed. Heute gehören etwa 90% der Moslems der „orthodoxen“ Sunna an, während etwa 10% der Šiʿat-ʿAlī (Schia), der Partei ʿAlīs angehören.

Aber in Qom sind wir im Herzen der Mysterien des Glaubens. Hier triumphiert die Partei Alis. Nach dem Tode Mohammeds hatten die frommen Mitstreiter des Propheten den rechtschaffensten aus ihrer Mitte, Abu Bakr, zum Ersten Khalifen, zum geistlichen und weltlichen Sachwalter des Islam ernannt. Es folgten der große Eroberer Omar und der Dritte Khalif Othman. Dann erst als Vierter Khalif wurde Ali Ibn Abu Talib, der Schwiegersohn des Propheten, der dessen Tochter Fatima geheiratet hatte, mit der Würde des Befehlshabers der Gläubigen ausgestattet, und sofort regte sich Widerspruch. Nur fünf Jahre lang konnte Ali im mesopotamischen Kufa einer Glaubensgemeinschaft vorstehen, die in der Vorstellung der Schiiten von fast ebenso perfekter Heiligkeit überstrahlt war wie die Versammlung der Gefährten Mohammeds, der „Ansar“, in Medina. Gegen die Khalifatswürde Alis erhob sich der Usurpator Muawiya, ein entfernter Verwandter des Propheten. Mit List und Gewalt verdrängte und ermordete Muawiya den rechtmäßigen Khalifen Ali und gründete die Dynastie der Omayyaden, deren Herrschaft sich von Cordoba in Andalusien bis nach Samarkand in Turkestan erstreckte. Die beiden Söhne Alis, die Propheten-Enkel Hassan und Hussein, fielen – nach schiitischer Darstellung – ebenfalls den Mordanschlägen der Omayyaden zum Opfer. Das Martyrium des Imam Hussein in Kerbela bildet (...) den pathetischen Gipfel der schiitischen Leidensgeschichte. Die Partei Alis, die „Schiiat Ali", hatte nach dessen Tod nicht kapituliert. Diese Legitimisten, die vor allem in Mesopotamien, im heutigen Irak, stark vertreten waren, betrachteten Ali Ibn Abu Talib als den einzigen und wahren Erben und Nachfolger des Propheten, verwarfen selbst die ersten drei Khalifen, die sogenannten „Raschidun", und um so mehr ihre Todfeinde aus dem Geschlecht der Omayyaden. Die Spaltung des Islam ist durch die Ablösung des Omayyaden-Khalifats von Damaskus durch die Abbasiden von Bagdad nicht gemindert worden und schon gar nicht durch den sehr fragwürdigen Übergang der höchsten geistlichen und weltlichen Würde des sunnitischen Islam auf die türkischen, die osmanischen Eroberer, die aus den Steppen Zentralasiens kamen. Während die Sunna und ihre Khalifen – der letzte dieser Statthalter Allahs auf Erden wurde erst 1924 von Atatürk abgesetzt – rüde Machtpolitik betrieben, das Reich des Islam mit Waffengewalt ausdehnten oder verteidigten, in Glaubensfragen meist einem einfallslosen, orthodoxen Konformismus huldigten, verkapselte sich die Partei Alis in esoterischen Spekulationen über die unauslöschliche, göttliche Erwähltheit, über die Unfehlbarkeit ihrer Imame. Denn in der Folge Alis, Hassans und des Schahid Hussein waren weitere Heilige aufgestanden, zwölf Imame insgesamt, direkte Nachkommen aus der Verbindung Alis und Fatimas, sämtlich dazu verurteilt, eines gewaltsamen Todes von seiten ihrer sunnitischen Verfolger zu sterben. Am Ende steht – bei den sogenannten „Zwölfer-Schiiten" – die ergreifende Figur eines Kindes, des fünfjährigen Mohammed Mehdi – „Mehdi" heißt „Der von Gott Geführte". Dieser Knabe verschwand im Jahr 874 unserer Zeitrechnung in einem unterirdischen Gewölbe der Stadt Samarra im Irak, aber dem schi-

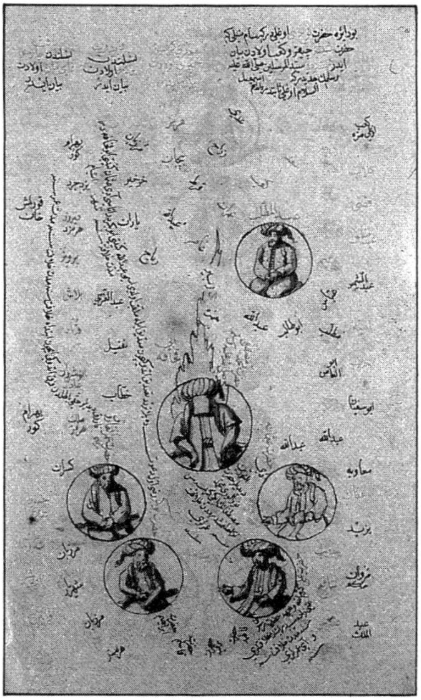

Muhammad, Abū Bakr, 'Umar, 'Uthmān, 'Alī und 'Abd al-Muṭṭālib: Der Prophet mit den vier ersten sogenannten „rechtgeleiteten" Kalifen und dem ersten (sunnitischen) Kalifen der Omayyaden.

itischen Glauben zufolge ist Mehdi dabei nicht umgekommen, sondern er lebt in der Verborgenheit weiter. Aus dieser Verborgenheit heraus wird er am Ende der Zeiten zur Welt zurückfinden, um das Reich Gottes und der Gerechtigkeit zu gründen. Bis dahin verkörpert der Verborgene Zwölfte Imam die mystische Herrschaft, die oberste Richtschnur. Nur in seinem Namen darf regiert, darf die Lehre des Propheten ausgelegt, darf Recht gesprochen werden. Um den Imam Mehdi rankt sich gewissermaßen die „geheime Offenbarung“ der Schiia. In seiner Vertretung kann sich als Zeichen göttlicher Gnade ein „Nayeb“ kundtun, der als „zeitlicher Imam“ dem Volk den rechten Weg weist und es auf die Wiederkehr der messianischen Gestalt des Zwölften Verborgenen Imam vorbereitet.

Dies und nichts Geringeres ist der tiefere Sinn der Berufung Ruhollah Khomeinis an die Spitze der schiitschen Gemeinschaft der islamischen Revolution. So bekundet es nicht nur der Glaube der Massen, sondern auch der Buchstabe jener neuen Verfassung der Islamischen Republik Iran, zu deren Wächter ich bei der Landung des Ayatollah in Teheran vorübergehend berufen worden war. Der Artikel V dieser Konstitution proklamiert als oberstes Gesetz die „Statthalterschaft, die Regentschaft des Koran-Gelehrten – Welayet-e-Faqih“. Der Faqih, der höchste Führer, wird wie folgt beschrieben: „Das Land und seine Regierung werden durch einen Mann geleitet, der wegen seiner Tugenden des Mutes, der Ehrlichkeit, des Wissens und der Weisheit bekannt ist und der niemals Verbrechen oder Delikte begangen hat.“ Die Vollmachten dieses Faqih, der durch die breite Zustimmung der Gläubigen identifiziert wird, sind praktisch unbeschränkt: „Er kann den Präsidenten der Republik absetzen, gegen die Kandidaten auf dieses Amt sein Veto einlegen, er kann jedes Gesetz und jede Bestimmung aufheben, die er als nicht vereinbar mit dem Islam erachtet; er ist Oberbefehlshaber der Streitkräfte und kann alle hohen Offiziere ernennen oder absetzen; er entscheidet allein über Krieg und Frieden.“

Peter Scholl-Latour:
„Allah ist mit den Standhaften“

Der Iran ist der einzige schiitische islamische Staat. Doch auch 60 % der Bevölkerung des Irak gehören der Ši'a an. Sie bilden die wesentliche Opposition gegen den säkularisierten sozialistischen Staat der Baath-Partei Saddam Husseins. Da sich die wichtigsten Heiligtümer der Schiiten zudem im Irak befinden – und somit der Drang des islamischen Iran dorthin sehr groß ist –, glaubte Hussein in seinem Krieg und vermeintlich leichten Sieg über den Iran, sich die starke schiitische Opposition vom Hals schaffen zu können. Doch es darf auch nicht übersehen werden, daß sich in diesem Konflikt die beiden wesentlichen Modelle in der islamischen Welt gegenüberstehen, wie man dem Status der „unterentwikkelten Region" entrinnen könnte: die Rückbesinnung auf die Wurzeln des Islam auf der Seite des Iran und die Säkularisierung nach westlichem Vorbild auf der des Irak.

Der Weg nach Kufa, nach Nedschef, nach Kerbela, zu den heiligsten Gräbern der „Partei Alis", war frei. Dabei wußte jedermann, daß sich in diesem südmesopotamischen Raum das Schicksal und der Bestand der Irakischen Republik entscheiden würde. Von den dreizehn Millionen Einwohnern des Landes bekennen sich sechzig Prozent zum schiitischen Glaubenszweig. Da die Christen etwa acht Prozent und die sunnitischen Kurden immerhin dreizehn der Gesamtbevölkerung ausmachen, blieb für die Kernschicht der sunnitischen Araber, auf deren Schultern das Regime ruhte, ein knappes Fünftel übrig. Damit ließ sich schwer regieren, seit Ruhollah Khomeini seine schiitischen Brüder im Zweistromland zum Aufstand gegen die Baath-Partei des Präsidenten Saddam aufrief, Agitatoren und Prediger der Schiia einschleuste und ganz offen den Sturz der Gottesfeinde von Bagdad zum Kriegsziel erklärt hatte.

Die Schiiten des Irak blickten auf eine lange Geschichte des Leidens und der Unterdrückung zurück. In Kufa, wohin wir jetzt steuerten, hatte der Prophetenvetter Ali, der Erste Imam, eine ideal-islamische Gesellschaft – durchaus vergleichbar mit dem Modell von Medina – gegründet, ehe er durch den Usurpator Muawiya umgebracht wurde. In Kerbela war der Dritte, der Heiligste Imam Hussein in den Hinterhalt des zweiten Omayyaden-Khalifen, des teuflischen Yazid geraten und mit seinen zweiundsiebzig Gefährten nach verzweifeltem Widerstand ermordet und verstümmelt worden. Die Partei Alis war im Zweistromland stets zahlenmäßig stark und von glühender Mystik beseelt gewesen. Im Verbund mit den unterworfenen Persern hatten sie mitgewirkt, die Omayyaden-Herrschaft von Damaskus auszuhöhlen, der Abbasiden-Dynastie in Bagdad zum Sieg zu verhelfen. Aber diese Hilfe wurde ihnen schlecht gedankt. Auch die Abbasiden-Khalifen sahen in der Rechtgläubigkeit der Sunna das unentbehrliche Instrument ihrer weltweiten Statthalterschaft. Der wachsende Einfluß türkischer Söldner und Majordome, die Überflutung Anatoliens durch die kriegerischen Seldschuken, später durch die Osmanen, führten zur endgültigen Konsolidierung der sunnitischen Vorherrschaft. Die „Partei Alis" wurde an den Rand gedrängt, des religiösen Abweichlertums bezichtigt, von allen Ämtern des

Staates und der Religion ferngehalten. Im benachbarten Persien hatte sich das nationale Aufbegehren der Iraner der Nachfolge Alis bedient, um die Fremdherrschaft von Türken und Afghanen abzuschütteln. Nach der erfolgreichen Reichsgründung des Safawiden-Schah Ismail wurde die Schiia – ein einmaliger Fall in der gesamten islamischen Umma – zur Staatsreligion deklariert. Aber in Mesopotamien blieben die Anhänger der Zwölf Imame eine geknechtete, gedemütigte Gemeinschaft, deren Gläubige meist den unteren sozialen Schichten angehörten, sich der Trauer um ihre Märtyrer und der Hoffnung auf die Erlösung durch den Zwölften, den Verborgenen Imam hingaben. Immerhin war es diesen Eiferern, die um keine Verstellung verlegen waren, noch im neunzehnten Jahrhundert gelungen, eine Anzahl von Beduinenstämmen von der Sunna weg und zu sich herüberzuziehen.

Das Ende des Osmanischen Reiches und des Khalifats von Istanbul nach dem Zweiten Weltkrieg brachte den Schiiten des Irak keine Linderung. Die Haschemiten-Dynastie aus Hedschas, die durch die englische Mandatsmacht importiert worden war, verachtete diese Ketzer. Die panarabischen Nasseristen, die am 14. Juli 1958 mit dem anti-monarchistischen Putschgeneral Qassem triumphierten, sahen in der verstockten schiitischen Gemeinde einen Spaltpilz, der sich für die erträumte Einheit der arabischen Nationen nur negativ auswirken konnte. Eine kleine Schicht schiitischer Intellektueller hatte deshalb bei den oppositionellen Linksparteien, bei den Kommunisten sogar und vor allem beim sozialistischen Baath Einfluß gesucht und gefunden. Die folgenden Schwierigkeiten zwischen Baath und Schiia haben wir bereits kurz erwähnt. Der radikale Bruch zwischen ihnen vollzog sich spätestens im Trauermonat, im Muharram des Jahres 1977, als die Büßer- und Flagellantenprozession zwischen Nedschef und Kerbela durch Polizeieinsatz gesprengt wurde. „Saddam, nimm deine Hände weg! Das irakische Volk erträgt dich nicht mehr", brüllte die aufgebrachte Masse. Die irakische Schiia hatte sich längst ihre eigene Kampforganisation „Ed Dawa – der Ruf" zugelegt. In ihrem höchsten Würdenträger, dem Ayatollah Uzma Mohammed Baqr Sadr, verfügte sie über einen mächtigen, starrköpfigen Inspirator. Dieser Ober-Mullah, dieser Khomeini des Irak, wie man ihn später bezeichnete, verurteilte die säkularen Prinzipien des Baath-Regimes von Bagdad als Verleugnung des islamischen Tauchid-Begriffs. Für Saddam Hussein gab es keine Wahl mehr. Der Weg der Repression war vorgezeichnet, zumal in Persien inzwischen die schiitische Revolution des Imam Khomeini angelaufen war. Unter den Anhängern von „Ed Dawa" wurde blutig aufgeräumt. Der hohe Ayatollah Mohammed Baqr Sadr wurde 1979 verhaftet und 1980 hingerichtet. Die Schiia hatte einen Märtyrer mehr. Aus dem Blut Husseins sprossen wohl immer neue Blüten des Glaubens, „zuhur el Islam".

Es war nur eine Frage der Zeit, so wurde in Bagdad gemutmaßt, bis die von Khomeini propagierte Erhebung der „Partei Alis" gegen Saddam

'Alī und seine beiden Söhne Ḥasan und Ḥusain. Volkskunst aus Algerien.

Hussein im Zweistromland um sich greifen würde. Der Irak jagte hunderttausend Iraner, die teilweise seit Generationen im Land ansässig waren, unter widrigsten Umständen über die Grenze nach Persien. Mit Sorge beobachteten die Sicherheitsdienste des Baath, wie sich neben der relativ harmlosen Bewegung „Ed Dawa" nunmehr eine rabiate schiitische Partisanengruppe im Untergrund formierte, die „Mudschahidin Islam" – nicht zu verwechseln mit den Volks-Mudschahidin Persiens. Radio Teheran rief zur Revolte gegen Saddam auf. Nach der Hinrichtung Mohammed Baqr Sadrs war der nächsthohe irakische Ayatollah, Mohammed Baqr-el-Hakim, nach Teheran geflüchtet und präsidierte dort einem irakischen „Revolutionsrat". Unter den Flüchtlingen und Vertriebenen, später auch unter den irakischen Kriegsgefangenen, die sich zur „Partei Alis" bekannten, wurde eine „Armee der islamischen Mobilisierung" rekrutiert, deren eindeutiges Ziel die Ausdehnung der schiitischen Gottesherrschaft auf Mesopotamien war. Khomeini arbeitete offen auf den Untergang des Baath und die Gründung einer „Islamischen Republik Irak" nach dem Modell von Teheran hin. Solange die schiitische Theokratie auf rein persisches Territorium begrenzt blieb, haftete ihr in den Augen der gesamten islamischen

Gemeinschaft der Verdacht nationalistischer Abweichung an. Erst die Errichtung des „Welayet-e-Faqih" im arabischen Bagdad würde der Khomeini-Revolution eine panislamische Legitimierung, der Botschaft von Qom die letzten Weihen verleihen. Im Grunde ging es darum, die grausige Schmach, die Schandtat von Kerbela, zu löschen. Nichts Geringeres als die Rehabilitierung und die Revanche der Schiia nach 1300 Jahren des Scheiterns, des Leidens, der Tränen schwebte Khomeini vor. Solches stand in Mesopotamien auf dem Spiel. Als Saddam Hussein am 22. September 1980 seinen Panzerdivisionen den Befehl erteilte, der „Islamischen Republik" Khomeinis den Garaus zu machen, war er sich dieser tödlichen Gefahr im eigenen Staat wohl bewußt. In Khuzistan sollte auch der Aufsässigkeit der landeseigenen Schiiten das Rückgrat gebrochen werden.

Peter Scholl-Latour:
„Allah ist mit den Standhaften"

Die von Hassan al-Banna gegründete Moslembruderschaft, die wohl bekannteste militante fundamentalistische Organisation, kämpft für eine Rückbesinnung der Moslems auf ihre Wurzeln und erhofft sich davon die führende weltpolitische Stellung, die dem Islam ihrer Meinung nach zukommt. Arnold Hottinger, Korrespondent der Neuen Zürcher Zeitung, ist einer der intimsten Kenner der islamischen Welt.

Die Muslim-Brüder stehen am Anfang der militanten Bewegung, und sie waren zu Beginn auch auf breitester Front aufgetreten. Unter ihrem Gründer, dem früheren Lehrer *Hassan al-Banna* (1906 – 1949), waren sie in Ägypten – wie es der Gründer selbst formuliert haben soll – eine auf die islamischen Anfänge zurückgreifende Reformbewegung, aber gleichzeitig ein orthodoxer Orden, eine mystische Realität, ein politischer Körper, ein Sport-Klub, eine wissenschaftliche und kulturelle Gesellschaft, eine Wirtschaftsgruppe und eine soziale Idee geworden. (...)

Stets aber ging es darum, „der Welt" (und in ihr in erster Linie den Kolonialisten) zu beweisen, daß der Islam die Grundlage einer der westlichen ebenbürtigen staatlichen und sozialen Organisationsform und Machtentfaltung zu bieten vermöge. In den Jahren der beinahe direkt ausgeübten britischen Herrschaft über Ägypten haben sich die Brüder weit über das Land verbreitet. Ihre Mitglieder wurden auf zwei Millionen geschätzt, in einem nur etwa 20 Millionen Ägypter umfassenden Lande (es sind heute [1981] über 40 Millionen!). Auch ihre wirtschaftlichen Werke vermochte die Gesellschaft groß aufzubauen. Sie ließ sich jedoch in den Jahren nach dem Zweiten Weltkrieg immer tiefer in die ägyptische Politik hineinziehen. Die Israel-Frage, die nach der arabischen Niederlage von 1948 die arabische Welt und besonders Ägypten, das damals stärkste arabische Land, aufs tiefste aufwühlte, zog auch die Muslim-Brüder in ihren Bann. Es heißt, daß die freiwilligen Kämpfer der Muslim-Brüder auf ihrem Rückmarsch aus Palästina nach der Niederlage einen Coup in Kairo durchführen wollten. Die damalige Regierung wurde angeschuldigt, die Niederlage – teilweise durch Korruption – verschuldet zu haben. Der Ministerpräsident, Nuqraschi Pascha, suchte den Brüdern zuvorzukommen. Am 8. Dezember 1948 begann er, Mitglieder der Gesellschaft festnehmen zu lassen, ihren Besitz zu beschlagnahmen und ihre verschiedenen Zweige zu verbieten. Nuqraschi wurde am 28. Dezember von einem Mitglied der Bruderschaft erschossen. Ob der Mörder auf Anweisung der Bruderschaft handelte oder nicht, ist nie ganz klar geworden. Am 12. Februar des folgenden Jahres wurde al-Banna erschossen – von wem, wurde nie geklärt. Die Persönlichkeit des Gründers, der ohne Zweifel ein Mann großer Wirkungskraft gewesen war, fehlte der Bruderschaft in ihren späteren Kämpfen. (…)

Von Ägypten aus hatten die Brüder schon früh in den Rest der arabischen Welt ausgestrahlt. Sie waren und sind noch heute aktiv in Syrien, in Jordanien, weniger im Iraq; sie gewannen zeitweise bedeutenden Einfluß in Saudi-Arabien, besonders als das Königsreich mit Nasser in Konflikt geriet, und sie unterhielten lange Jahre ein Zentrum in Genf, das sie gegenwärtig nach Aachen verlegt haben. In Syrien führten sie in den letzten zwei Jahren einen blutigen Kampf gegen das Regime des Präsidenten al-Asad, indem sie versuchten, so viele Anhänger seines Regimes wie möglich zu ermorden. Die Repression der Regierung war höchst grausam; am Ende scheint sie die Muslim-Brüder weitgehend niedergekämpft zu haben, obwohl einzelne Aktionen auch heute noch vorkommen. Die Brüder werfen den regierenden Baathisten vor, als Alawiten, was sie in der Tat vorwiegend sind, seien sie Abtrünnige vom wahren Islam und sollten ein vorwiegend sunnitisches Land nicht regieren.

In Ägypten hatten die Brüder seit dem Regierungsantritt Sadats wieder Gelände gewonnen. Ihr Einfluß ist heute in den Mittelschulen und an den Universitäten bedeutend. Immer wieder stießen sie mit den ägyptischen Kopten blutig zusammen, und die Regierung warnte sie dann jedesmal mehr oder weniger scharf. Sadat pflegte sie jedoch auch zu begünstigen, weil er in ihnen ein Gegengewicht gegen die Linkstendenzen unter den Studenten und Intellektuellen erblickte.

Seit dem Sieg Chomeinis im Iran haben sich die Brüder in Ägypten und in den meisten anderen islamischen Staaten in zwei Richtungen gespalten, von denen die eine, radikalere, Chomeini verehrt und eine ähnliche Revolution wie die seine auslösen möchte, während die andere, gemässigte, sich mit den Regierungen zu verständigen sucht – auch mit der saudischen, die eine wichtige Geldquelle darstellt; unter deren Schutz oder Duldung möchte sie ihre Bewegung fortentwickeln. Beide Zweige der Brüder in Ägypten kritisieren die Friedenspolitik Sadats gegenüber Israel, weil sie ihnen als eine Kapitulation der Muslime gegenüber den Ungläubigen erscheint. Die soziale Schicht, in der die Muslim-Brüder die große Masse ihrer Anhänger finden, ist jene der Kleinbürger, die in ihrem Leben die Entfremdung durch den westlichen Einfluß spüren und darüber beunruhigt sind, auch wenn sie keine wirkliche Kenntnis davon haben, was die Lebens- und Denkweise der Europäer

und Amerikaner im einzelnen ausmacht, noch welche intellektuelle und militärische Macht hinter ihr steht.

Unter den gegenwärtigen Schülern und Studenten ist der Einfluß der Muslim-Brüder vor allem aus Enttäuschung gewaltig angewachsen. Die junge Generation ist vom arabischen Nationalismus und Sozialismus weitgehend enttäuscht; er scheint versagt zu haben. Sie ist noch unzufriedener mit der „Kapitulationspolitik" Sadats gegenüber den USA und Israel, und sie sucht beim militanten Islam Anlehnung, neue Zielsetzungen und Hoffnungen.

Die Mörder Präsident Sadats sind denn auch junge Leute gewesen, die den Muslim-Brüdern und anderen, ihnen verwandten Aktivistengruppen nahestanden. (...)

Die Möglichkeiten der Ausbreitung der Muslim-Brüder und ähnlicher Bewegungen in einem muslimischen Land pflegen umgekehrt proportional zur Pressefreiheit zu sein. Wo es keine Meinungsfreiheit gibt, wie in fast allen islamischen Staaten, pflegen Bewegungen dieses Stiles rasch anzuwachsen, weil andere Ideen – Sozialismus, Marxismus, sogar Nationalismus – der öffentlichen Diskussion bedürfen, um sich ausbreiten zu können. Der militante fundamentalistische Islam jedoch ist so tief in der Gesellschaft verwurzelt, daß er wie von selbst aus ihr emporwächst und ganz besonders leicht wuchert, wenn ihm andere Ideen und Ideologien sowie eine liberale Kritik wegen der Zensur nicht wirksam entgegengestellt werden können. Den fundamentalistischen Islam kann man direkt aus dem Qur'an ableiten, gleichzeitig entspricht er dem uralten Grundgefühl der Muslime, nach welchem ihre Gemeinschaft die herrschende sein sollte. Er trifft sich in diesem Punkt mit dem latent vorhandenen Ressenti-

Demonstration fundamentalistischer Moslems im Iran.

ment gegen die „Kolonialisten" und all ihre Werke, unter deren Druck jedermann täglich gerät, und wenn es nur dadurch wäre, daß er die angestammte Lebensweise der orientalischen Massen immer unmöglicher und prekärer zu machen droht. Gegen all dies will man sich im Namen des Islams erheben.

Gruppen oder Parteien von der Art der Brüder gibt es in jedem islamischen Land. Manchmal bestehen Verbindungen zur Bruderschaft; doch in vielen Fällen sind die Verbindungen eher schwach. Die Idee einer militanten islamischen Bruderschaft zur Ausbreitung des „wahren" Islams und zum Aufbau eines islamischen Staates liegt so nahe, daß sie immer wieder Verkörperungen findet. In Pakistan war es *Maududi* (...), der eine ähnliche Organisation gründete. Sie heißt Dschamaat i Islami, Islamische Gemeinschaft. (...)

Am Ende kam sie auch noch indirekt zu politischem Einfluß: General Sia ul-Haq, der heutige [1981] Militärdiktator Pakistans, steht ihr nahe; er war sogar ein Mitglied, und seine als Demokratie-Ersatz gehandhabte „islamische Politik" in Pakistan geht in der Inspiration auf die Dschamaat zurück; allerdings übt diese heute an ihrem einstigen Mitglied häufig Kritik, weil der General nicht entschlossen genug mit der Islamisierung Pakistans fortschreite. Diese ist in Pakistan nicht so leicht durchzuführen wie in Erdölländern, weil Pakistan darauf angewiesen ist, seine nicht-islamischen Geschäftsbeziehungen mit dem Ausland fortzuführen und im Inland selbst in manchen Fällen beizubehalten, um ein Auskommen zu finden.

Wichtig sind die aktivistisch-islamischen Gruppen auch in Indonesien. Masjumi, ursprünglich unter der japanischen Besetzung gegründet, wurde nach der Erlangung der Unabhängigkeit eine bedeutende Partei Indonesiens. Der wichtigste Beleber der islamischen Reform, Muhammad Natsir, begann mit islamischer Erziehung, getragen durch die Partei, und wurde 1950 Ministerpräsident; doch es gelang der Partei nicht, Indonesien zu einem muslimischen Staat nach ihren Vorstellungen zu machen. Masjumi pflegte etwa 20 Prozent der Stimmen zu erhalten, die andere, konservativere Muslim-Partei und Rivalin, Nahdatu'l-Ulema, auch etwa 20 Prozent. Muhammad Natsir stieß schließlich mit Sukarno zusammen; 1958 versuchte die Partei von Sumatra aus einen Staatsstreich gegen ihn zu führen. Er schlug fehl, und die Partei wurde verboten, ihre Führer, darunter Natsir, eingekerkert. Nach dem Sturz Sukarnos wurde Masjumi wieder zugelassen, jedoch für die Wahlen von 1977 von den Militärherrschern verpflichtet, sich mir ihrer konservativen Rivalin, Nahdatu'l-Ulema, zu verschmelzen. Beide Parteien zusammen erhielten rund 30 Prozent der Stimmen.

Der Iran ist insofern außerordentlich, als die muslimischen Aktivisten dort durch eigene Kraft zur Macht gelangt sind. Dies war die Folge ganz besonderer Umstände. Das Regime des Schahs war durch eine allzu rücksichtslose „Verwestlichung" allzu schlechter Qualität gekennzeichnet; sie war korrupt, untüchtig, tyrannisch, grausam, und sie konnte überhaupt nur weiterbestehen, weil sie vom Erdölgeld getragen wurde. Alle

Opposition hatte der Schah durch seine Geheimpolizei, die Savak, in Blut erstickt. Doch gab es eine Art der Opposition, die er nicht zum Schweigen zwingen konnte, jene der Geistlichen, von denen es im Iran 80000 gab. Sie alle verfügten über ihre Verbindungsnetze und ihre Kanzeln in den Moscheen. Der exilierte Aijatollah *Chomeini,* der schon 1963 einen vergeblichen Aufstandsversuch gegen den Schah geleitet hatte, gewann durch die Unbeugsamkeit seiner Opposition immer mehr Achtung im Iran, je korrupter sich das Regime des Schahs erwies. Chomeini hatte eigene Ideen über den islamischen Staat, die er teilweise von Maududi entliehen hatte. Seiner Ansicht nach sollten die Geistlichen, das heißt die Gottesgelehrten und Fachleute im Gottesrecht der Schari'a, einen muslimischen Staat regieren, weil sie die Leute seien, die am besten über das Recht, das dabei anzuwenden sei, eben die Schari'a, Bescheid wüßten. Trotz dieser besonderen Ideen fand Chomeini in seinem Heimatland immer mehr Beifall, je mehr die Bevölkerung sich über den Schah empörte, bis es im Jahre 1978 zu den Massendemonstrationen kam, in denen die Demonstranten es hinnahmen, von der Armee erschossen zu werden, bis schließlich die iranischen Soldaten sich weigerten, auf ihre Mitbürger zu schießen. Der Zerfall der iranischen Armee war am 10. Februar 1979 erreicht, und mit ihm war das Ende des Schah-Regimes besiegelt. Heute [1981] regiert Chomeini den Iran als „Wali Faqih", das heißt „regierender Gottesgelehrter". Das Parlament besteht mehrheitlich aus Mitgliedern der Islamischen Republikanischen Partei, die sich selbst mit „dem Islam" gleichsetzen will und aus diesem Grunde keine Opposition gegen sich dulden kann; eine solche würde sich ja, ihrer Ansicht nach, gegen „den Islam" richten. Opposition gibt es dennoch. Zuerst hatte sie sich hinter Präsident Bani Sadr gesammelt; nach seiner Absetzung (Juni 1981) waren es vor allem die jungen Leute der Mudschahedin-e-Chalq (das heißt: „Kämpfer im Heiligen Krieg im Namen des Volkes"), die versuchten, weiter Widerstand zu leisten, obgleich sie dies unterirdisch tun mußten. Die Mudschahedin sind ebenfalls eine

Ein Qāḍī, ein religiöser Richter, in einer Moschee in Yemen.

muslimische Aktivistengruppe; sie streben einen islamischen Revolutionären Staat an, in dem sich Marxismus und Islam verbinden sollen. Im Zeitpunkt der Niederschrift [1981] ist der Ausgang dieses Ringens noch offen; deutlich ist, daß die Islamische Republikanische Partei, die über die Mittel des Staates verfügt, eine gewaltige Übermacht besitzt. (...)

Die Krankheiten des Irans, wie sie unter dem Schah bestanden, sind eben in vermindertem Ausmaße Krankheiten und Probleme auch der anderen islamischen Länder: Tyrannei, Meinungsdiktatur, Korruption, Überfremdung; nur können sie, glücklicherweise, nicht ebenso massiv auftreten, wo das Erdöl fehlt, denn erst durch die Berieselung mit den Erdölgeldern war der Iran zu dem unnatürlichen Pseudo-Amerika geworden, wozu der Schah ihn aufgebaut hatte. Angesichts der verwandten Grundprobleme fragten sich alle Muslime, und besonders die jüngeren in allen islamischen Ländern, als Chomeini den Sieg davontrug: Wäre die iranische nicht auch unsere Lösung? Brauchen nicht auch wir eine islamische Revolution? – In der Zwischenzeit ist die Begeisterung etwas abgeklungen. Es ist sichtbar geworden, daß die islamische Revolution des Irans zwar einen gewaltigen Anfangserfolg errang, als sie das korrupte Haus des Schahs niederzureißen vermochte, daß sie jedoch bisher nur weitere innere Wirren mit sich gebracht hat, nicht aber, bis heute, den erhofften, vielleicht etwas utopischen, gottgewollten und daher in jeder Beziehung

Pilgerkarawane nach Mekka.

erfolgreichen islamischen Staat. Aber die Muslime haben die Hoffnung auf Chomeini noch nicht verloren; vielleicht, so kann man sie sagen hören, ist etwas im Gange wie die Französische Revolution, was etwas ganz Neues in die Welt bringt. Die Französische Revolution hat ja auch ihre Blutopfer gekostet und ihre Wirren durchgemacht. Der Wunsch mag hier der Vater des Vergleichs sein. Doch daß der Wunsch sich so zähe hält, ist ein weiteres Zeichen dafür, wie dringend, heiß, sehnsüchtig, verzweifelt gehofft wird; auch wenn dieses Experiment fehlschlagen sollte, müssen die Muslime wünschen und suchen; und ihre Suche nach dem muslimischen Staat, der der heutigen Zeit und den heutigen Erfordernissen gewachsen ist, wird weitergehen.

Arnold Hottinger: „*Allah heute*"

In seinem „Glaubensbekenntnis der Muslim-Brüder" bringt der Gründer der Moslem-Bruderschaft, Hassan al-Banna, die Ziele des islamischen Fundamentalismus auf den Nenner.

1. Ich glaube, daß alle Dinge auf Gott zurückgehen; daß unser Meister Muhammad, Gottes Segen ruhe auf ihm, der letzte der Propheten ist und zu allen Menschen gesandt wurde; daß der Qur'an das Buch Gottes ist; daß der Islam ein allgemeines Gesetz darstellt für die Ordnung dieser Welt und der jenseitigen. Ich gelobe, einen Teil des edlen Qur'an auswendig zu lernen; mich an die läuternde Sunna (d.h. die Überlieferungen des Propheten) zu halten, das Leben des Propheten und seiner edlen Gefährten zu studieren.

2. Ich glaube, daß die Tugend, die Aufrichtigkeit und das Wissen zu den Grundlagen des Islams gehören. Ich verpflichte mich, aufrichtig zu sein, die Ritualvorschriften zu erfüllen, mich von den verbotenen Handlungen fernzuhalten, tugendhaft, wohlgesittet zu sein, schlechte Gebräuche aufzugeben, den Glaubensriten des Islams so genau wie möglich zu folgen, Liebe und Zuneigung dem Streit und den Prozessen vorzuziehen, auf die Gebräuche und die Sprache des Islams stolz zu sein, das Wissen und die nützlichen Kenntnisse unter dem Volk zu verbreiten.

3. Ich glaube, daß ein Muslim arbeiten und Geld verdienen soll, daß ein jeder Bedürftige und Notleidende ein Recht auf das Geld hat, das er verdient; ich verpflichte mich, zu arbeiten und für die Zukunft zu sparen, Almosensteuer zu entrichten und einen Teil meines Einkommens für gute Werke auszugeben, alle nützlichen Wirtschaftsprojekte zu ermutigen, den Erzeugnissen meines Landes und meiner Religionsgenossen den Vorzug zu geben, keinen Wucher zu treiben, in welchem Geschäft immer es sei, mich nicht Dingen hinzugeben, die meine Fähigkeiten übersteigen.

4. Ich glaube, daß der Muslim für seine Familie verantwortlich ist, daß es zu seinen Pflichten gehört, ihre Gesundheit zu erhalten, ihren Glauben und ihre guten Sitten. Ich verpflichte mich, alles mir Mögliche in diesem Sinne zu tun, den Mitgliedern meiner Familie die islamische Lehre einzustillen (einzupflanzen), meine Kinder nicht in eine beliebige Schule

zu senden, die sie nicht die Sitten und den Glauben der Muslime lehrt, alle Zeitungen, Veröffentlichungen, Bücher, Organisationen, Gruppen und Clubs zu meiden, die sich den Lehren des Islams widersetzen.

5. Ich glaube, daß ein Muslim die Pflicht hat, den Ruhm des Islams neu zu beleben, indem er die Renaissance der Völker fördert und die islamische Gesetzgebung wiederherstellt. Ich glaube, daß die Fahne des Islams die Menschheit beherrschen sollte und daß es Pflicht eines jeden Muslims ist, die Welt von den Regeln des Islams zu unterrichten. Ich gelobe, mein Leben lang zu kämpfen, um diese Mission zu erfüllen, und ihr alles, was ich besitze, aufzuopfern.

6. Ich glaube, daß alle Muslime eine einzige und vereinte große Nation bilden, die durch den Islam geeint ist, und daß der Islam seinen Söhnen gebietet, allen Wohltaten zu erweisen. Ich gelobe alles, was ich vermag, zu tun, um die Bruderschaft aller Muslime zu stärken und ihre Gleichgültigkeit zu überwinden sowie die Unterschiede auszugleichen, die unter ihren Gruppen und Bruderschaften bestehen.

7. Ich glaube, daß das Geheimnis der Rückständigkeit der Muslime mit ihrer Entfernung von ihrer Religion erklärt werden muß, daß die Grundlage einer Reform daraus besteht, daß man zu den Lehren und Urteilen des Islams zurückkehrt. Dies ist möglich, wenn die Muslime in diesem Sinn wirken, und die Lehre der muslimischen Brüder zielt darauf hin. Ich gelobe, mich an diesen Grundausrichtungen festzuhalten, loyal zu bleiben gegenüber einem jeden, der für sie wirkt, ein Soldat in ihrem Dienste zu sein und nötigenfalls für sie zu sterben.

Aus al-Bannas Erinnerungsbuch: *„Erinnerungen des Rufes und seines Rufers"*

Die Šahāda: „Lā illāha ilā 'llāh wa Muḥammadu rasūl Allāh." – „Es gibt keinen Gott außer Allah. Mohammed ist der Prophet Allahs."

Die Auseinandersetzung der islamischen Welt mit dem Westen manifestiert sich nicht nur in kriegerischen Konflikten oder in fundamentalistischen Vereinigungen, sondern wirkt sich auch ganz konkret auf das tägliche Leben der Moslems aus. Stellvertretend für die diversen Probleme, die sich für den gläubigen Moslem ergeben, sei das Problem der Frauen genannt. Die westliche Emanzipation – und gleichzeitige Isolation, da die Familienordnung mit ihren festgelegten Pflichten, aber auch Rechten zerbrochen ist – steht dem noch sehr festgefügten und durch den Koran legitimierten patriarchalischen System im Islam gegenüber. Ausgehend von Ägypten und dem Libanon seit der Jahrhundertwende beginnt sich das Gedankengut der Emanzipation nun auch in der arabischen Welt zu behaupten – mit all ihren Möglichkeiten und Problemen.

Für den gewöhnlichen Muslim legte der Koran gewisse Normen fest, die das sexuelle Verhalten regeln. Außerhalb der Ehe sind keine sexuellen Beziehungen gestattet. *Sina* – sowohl Ehebruch als auch Unzucht bedeutend – ist mit einer Prügelstrafe von 100 Hieben für jeden Partner zu ahnden, unabhängig davon, ob er oder sie verheiratet ist. Die Ehe selbst ist ein Zivilvertrag und kann durch jede der beiden Parteien beendet werden. Wenn die Frau den Vertrag aufkündigt, ohne vom Mann zuvor beleidigt *(chul')* worden zu sein, so muß sie ihre Mitgift zurückgeben. Wenn der Mann durch Deklaration *(talaq)* die Scheidung einleitet, so darf sie die Mitgift behalten. Männer dürfen bis zu vier Frauen zugleich haben, Frauen nur einen Mann. Das entspricht dem doppelten Ziel, einmal sicherzustellen, daß alle Frauen von der Pubertät an Anspruch auf die Ehe haben – die der Koran als eine Pflicht erachtet –, und zweitens die Vaterschaft für Kinder zu gewährleisten, die für den Bestand der patriarchalischen Ordnung notwendig war. Da der Ehemann für den Unterhalt und die Erziehung der Kinder verantwortlich ist, muß er auch wissen, ob es seine eigenen sind.

Modernistische Autoren haben argumentiert, daß das eindeutig diskriminierende Recht auf Polygamie durch jene Vorschriften verwirkt wird, die verlangen, alle vier Frauen absolut gleich zu behandeln – ein Verlangen, das in seiner weitestgehenden Interpretation unmöglich zu erfüllen ist. Aus den Heirats-Gesetzen des Korans, aber auch durch das persönliche Beispiel des Propheten, ergibt sich jedoch einwandfrei, daß sich die „Gleichheit der Behandlung" lediglich auf legal erzwingbare Dinge wie das Recht der Frau auf einen eigenen Haushalt oder einen gleichen Anteil am Besitz ihres Mannes bezieht. Wie andere Bestimmungen auch, übernahmen oder modifizierten die Heirats-Gesetze des Korans Beduinenbräuche – in diesem Fall vergrößerten sie die legalen und persönlichen Besitzrechte der Frauen. Unter den Bedingungen einer hauptsächlich pastoralen Gesellschaft trägt die Polygamie einem wichtigen biologischen Faktum Rechnung: Eine Frau kann nur mit dem Kind von einem Manne schwanger sein, während der Mann im Verlauf einer Schwangerschaftsperiode Vater mehrerer Kinder werden kann. Es ist anzunehmen, daß der „Zweck" des Geschlechtsverkehrs lediglich die Zeugung war. Einen

„Überschuß" an Frauen unverheiratet zu lassen, hätte eine Vergeudung menschlicher Ressourcen bedeutet. Die Frauen eines Stammes waren, wie seine Kamelstuten, ein wesentlicher Bestandteil seines Kapitals.

Auf lange Sicht sollten muslimische Frauen einen fortschreitenden Verlust sozialer und geschlechtlicher Rechte gegenüber den Männern erleiden. Das lag wahrscheinlich mehr an der etwa zwei Jahrhunderte nach Muhammads Tod in den eroberten byzantinischen und sassanidischen Gebieten herrschenden Situation zu einer Zeit, als das islamische Recht in eine Form gegossen und konsolidiert wurde, denn an den im Koran ausgedrückten Vorschriften. So war die Aufforderung des Korans, die Frauen des Propheten nur anzusprechen, wenn diese ihr Gesicht hinter einem Schleier *(hidschab)* verborgen hatten, ursprünglich eine Form des Protokolls, während sie später beschworen wurde, um radikale Formen sexueller Isolation wie die totale Verschleierung zu rechtfertigen. Überhaupt bleibt der Koran vergleichsweise vage über die Art von Kleidung, die er für Frauen als passend erachtet: Er erlegt den gläubigen Frauen lediglich auf, „sie sollen darauf achten, daß ihre Scham bedeckt ist [wörtlich: sie sollen ihre Scham bewahren], den Schmuck, den sie [am Körper] tragen, nicht offen zeigen, soweit er nicht [normalerweise] sichtbar ist..." (...)

Zu Lebzeiten des Propheten hatten sich die Frauen Arabiens eines vergleichsweise hohen Sozialstatus innerhalb der herrschenden patriarchalischen Ordnung erfreut. Die Gesetzgebung des Korans war bemüht,

Junge Frau in Teheran.

ihn weiter zu verbessern, indem sie den Frauen Erbrechte zugestand, die – wenn auch ungleich zu denen der Männer – ihnen doch wirtschaftliche Rechte als Individuen einräumten. (Rechte übrigens, auf die europäische Frauen bis ins 19. Jahrhundert warten mußten.) Auch der Brautpreis *(mahr)* wurde von einer Zahlung, die dem Vater der Braut zu leisten war, in eine Summe an Geld oder Gütern ungewandelt, die der Frau direkt übergeben wurde. Sie bewahrte sie für den Fall auf, daß der Mann die Scheidung von ihr verlangte. Im religiösen und gesellschaftlichen Leben des frühen Islam beteten – soweit wir wissen – die Frauen gemeinsam mit den Männern und nahmen gewiß an den Angelegenheiten der Gemeinschaft aktiv Anteil. Es ist verbürgt, daß 'Aischa während der „Ersten Fitna" gegen 'Ali Krieg führte; ihr hohes Ansehen bei den frühen muslimischen Gelehrten ist aus der großen Zahl der *hadith* ersichtlich, die bis auf sie zurückgehen.

Der Koran wendet sich an beide Geschlechter gleichermaßen. Es gibt in der *hadith*-Literatur eine Geschichte, die darauf hinweist, daß einige Frauen in der ersten islamischen Gemeinschaft glühende Feministinnen gewesen sind. Eine von ihnen – Nusaiba – nahm aktiv an Muhammads Gefechten teil. Sie fragte den Propheten, warum sich Allah in den Koran-Offenbarungen mehr an die Männer als an die Frauen wandte. Laut der Geschichte erkannte Allah die Berechtigung ihrer Beschwerde an. Von da an richteten sich die Offenbarungen an die Gläubigen beiderlei Geschlechts. (Die Bezeichnungen im Koran lauten für gewöhnlich *„muslimin wa muslimat"* und *„muminin wa muminat"*.) Aber dennoch besteht zweifellos eine gewisse ungleiche Behandlung in einigen spezifischen Punkten der Koran-Gesetzgebung. Abgesehen davon, daß Allah das auch im Judentum übliche Vorurteil teilt, menstruierende Frauen seien „unrein" oder „befleckt", scheint er die Frauen dadurch zu diskriminieren, daß ihr Erbteil halb so groß wie das ihrer Brüder sein soll, und durch seine Bestimmung, daß im Falle des Fehlens eines männlichen Zeugen für den Abschluß eines Handels zwei weibliche Zeugen als Ersatz dienen können. Natürlich wurde argumentiert, daß es in einer Gesellschaft, in der die Männer die wesentlich größeren wirtschaftlichen Lasten zu tragen haben, nicht unbillig ist, wenn Jungen doppelt soviel Besitz erben wie ihre Schwestern: Die Frauen behalten ihren Besitz, während die Männer den ihren für den Unterhalt der Frauen verwenden. Wird der Koran als das unveränderliche, ewig gültige Wort Gottes betrachtet, kann die unvermeidliche Schlußfolgerung nur lauten, daß die wirtschaftliche Vormachtstellung der Männer in der Gesellschaft nicht verändert werden kann, da sie durch göttliches Dekret verfügt wurde. Die für den Islam fundamentale Doktrin, daß der Koran die Heilige Schrift ist, muß sich als Hemmschuh für feministische Bestrebungen erweisen. Ein ähnliches Argument gibt es in dem Fall der Zeugen. Muhammad 'Abduh folgend führt Muhammad Asad aus, daß diese Bestimmung „keine Herabwürdigung der Moral oder der intellektuellen Fähigkeiten der Frauen bedeutet: Sie ist offenbar auf die Tatsache zurückzuführen, daß Frauen in der Regel mit geschäftlichen Vorgängen weniger vertraut sind als Männer und daher eher dazu neigen, in dieser Hinsicht Fehler zu begehen." Wenn dies auch für alle Zeiten bis in die Gegenwart hinein zugetroffen haben mag, kann es für die Zukunft nur dann Gültigkeit besitzen, wenn die Frauen weiterhin – durch Männer – daran gehindert werden, sich mit geschäftlichen Vorgängen vertraut zu machen. Auch hier scheint die göttliche Schrift darauf zu beharren, daß der untergeordnete wirtschaftliche Status der Frau eine unveränderliche Tatsache des Daseins und kein Ergebnis zeitabhängiger Umstände ist.

Ein vielleicht noch wichtigeres Ergebnis dieser göttlich verfügten Ungleichheiten bestand darin, daß sie dazu herangezogen werden konnten, um allgemein frauenfeindliches Verhalten unter den Gläubigen zu unterstützen. So gibt Buchari eine Überlieferung wieder, in der die Verunglimpfung der Frau unter Hinweis auf den Koran deutlich gerechtfertigt wird:

Er (d.h. der Prophet) ging am Tag der Opfer und des Bairam (d.h. am *'Id al-Adha)* aus zum Ort des Gebets. Als er an einigen Frauen vorbeikam, sagte er: „O Gesellschaft der Frauen, gebt Almosen, denn ich sehe, daß viele von euch Bewohner der Hölle sein werden." „Warum?" sagten sie. Da antwortete er: „Weil ihr viel flucht und die Güte der Ehemänner verleugnet. Trotz eures Mangels an Klugheit und Religion habe ich niemanden gesehen, der das Gemüt des Standhaften mehr bezaubert als ihr." Sie sagten: „Worin besteht der Mangel in unserer Religion und unserer Klugheit?" Er antwortete: „Ist nicht das Zeugnis einer Frau gleich dem der Hälfte des Zeugnisses eines Mannes? Das ist der Mangel in ihrer Klugheit. Und wenn sie förmlich unrein ist (d.h. menstruiert), betet und fastet sie nicht. Dies ist der Mangel in ihrer Religion."

Es wurden viele vergleichbare Überlieferungen herangezogen, um die absolute männliche Vorherrschaft zu rechtfertigen.

Die Frauenfeindlichkeit im Islam mag vielleicht teils darauf zurückzuführen sein, daß es für das Zölibat kein Ventil gab. Unter den Frommen sind asketische Tendenzen für gewöhnlich sehr stark: Die gesamte Geschichte der westlichen Religion zeigt eine enge Verbindung zwischen religiöser Begeisterung und sexueller Unterdrückung. Im Islam wurde dagegen das Zölibat sowohl durch das persönliche Beispiel des Propheten als auch durch die berühmte *hadith* ausdrücklich abgelehnt: „Es gibt kein Mönchstum im Islam – das Mönchstum

Schülerinnen in einer Koranschule.

(rahbanija) meiner Gemeinschaft ist der *dschihad*.“ Ein zölibatärer Klerus, dem Frauen sexuell verboten sind, kann legitim Beziehungen zu ihnen als Individuen herstellen, indem er sie in das religiöse Leben seiner Gemeinde einbezieht. Zweifellos als Reaktion auf die Bedürfnisse ihrer weiblichen Mitglieder gestattet die römisch-katholische Kirche den Kult eines weiblichen *Archetypus*, der jungfräulichen Mutter, der sich dann im Mittelalter zu voller Blüte entfaltete. Auch weibliche Ordensgemeinschaften wurden begünstigt. Obwohl im Volksglauben des Islam Sajjida Sainab und gewissen weiblichen Sufi-Heiligen die Macht der Fürbitte zugeschrieben wird, erlaubte der offizielle Islam keinen Frauenkult, und man kann auch nicht sagen, daß er eine spezifisch weibliche Annäherung an die Gottheit erlaubt hätte. Nach der arabischen Eroberung des westlichen Asiens und Nordafrikas wurden die Frauen nach und nach aus den religiösen und öffentlichen Bereichen des gesellschaftlichen Lebens ausgeschlossen. Zur Zeit Edward Lanes (Anfang des 19. Jahrhunderts) wurde es ihnen untersagt, gemeinsam mit den Männern in den Moscheen zu beten, weil „die Muslime die Auffassung vertreten, daß die Anwesenheit von Frauen zu einer ganz anderen Art von Hingabe anregt, als sie an einem dem Gottesdienst geweihten Ort erforderlich ist“. Selbst in der Oberklasse konnten nur wenige Frauen lesen und schreiben. Obwohl sie dazu aufgefordert waren, ihre Gebete zu Hause zu verrichten, unterzogen sich – nach Lane – nur wenige der Mühe, das auch zu tun.

Gesellschaftliche Gebräuche verbanden sich mit der reaktionären Rechtsprechung der *faqhi*, um die Vision des Korans von sexueller Bipolarität zu verleumden. Die Gesetzgebung des Korans hatte im großen und ganzen eine Verbesserung der vor-islamischen Sitten in bezug auf den Status und die Rechte der Frauen gebracht, wenn auch ein gewisser Grad von Ungleichheit (zum Beispiel beim Erbrecht) gebilligt wurde. Unglückseligerweise konnten und wurden sie – da dogmatisch und ahistorisch als Bestandteil einer ewigen, von Gott verfügten Ordnung präsentiert – zur Rechtfertigung jener Anschauung herangezogen, daß Frauen Männern grundsätzlich seelisch und intellektuell unterlegen seien. Dennoch verschwand die Vorstellung des Korans von Geschlecht und Zeugung als das größte von Allahs Wundern nicht ganz aus der muslimischen Weltanschauung. Zahllose Überlieferungen *(hadith)* bezeugen eine eindeutig aufgeschlossene Haltung gegenüber der Sexualität. Der Gegensatz zu christlichen Auffassungen ist auffallend. Die christliche Position in Sachen Ehe wurde vom heiligen Paulus autoritär festgelegt:

„Es ist dem Menschen gut, daß er kein Weib berühre. Doch um der Unkeuschheit willen habe ein jeglicher seine eigene Frau, und eine jegliche habe ihren eigenen Mann.“

Das Zölibat hat Vorrang, aber wenn die Ehe (die keine Sünde ist) eingegangen wird, muß absolute Gleichheit zwischen den Geschlechtern bestehen:

Der Mann leiste der Frau die schuldige Pflicht, desgleichen die Frau

Demonstrierende Frauen im Iran.

dem Manne. Die Frau ist ihres Leibes nicht mächtig, sondern der Mann. Desgleichen der Mann ist seines Leibes nicht mächtig, sondern die Frau. Entziehe sich nicht eins dem anderen, es sei denn mit beider Bewilligung eine Zeitlang...

Der Islam legt wesentlich größere Betonung auf den Wert von Ehe und Sexualität, versäumt es jedoch – anders als Paulus –, die Gleichheit der Ehepartner zu unterstreichen:

Und verheiratet diejenigen von euch, die [noch] ledig sind, und die Rechtschaffenen von euren Sklaven und Sklavinnen! Wenn sie arm sind, wird Gott sie durch seine Huld reich machen.

„Die Ehe ist die Hälfte der Religion", stellte ein bekannter *hadith* fest, und der Prophet bestätigte diese Maxime mit Sicherheit durch sein eigenes Verhalten. Ein *hadith* aus Bucharis Sammlung fordert die Gläubigen auf: „Paart euch und zeugt! Ich werde Ruhm erlangen durch eure Zahl am Tag des Gerichtes!"

Frustrationen auf Seiten beider Geschlechter wurden als potentielle Bedrohung der gesellschaftlichen Ordnung angesehen.

Malise Ruthven:
„Seid Wächter der Erde!"

Mohammed im Spiegel der Literatur

Die Gestalt Mohammeds ist in der Literatur auf die verschiedenste Art und Weise verarbeitet worden – je nach Blickwinkel, Religionszugehörigkeit und Zeit …

Mohammed, der Verfasser des Koran. Stich aus dem 18. Jahrhundert.

Eines der ersten Zeugnisse der Renaissance, in dem Mohammed als Figur auftritt, ist Dante Alighieris „Die Göttliche Komödie". Dante (1265–1321) steht noch an der Schwelle zwischen Mittelalter und Neuzeit, und sein Werk ist stark religiös geprägt. So kann ein Mann wie Mohammed – zumal Dante noch die Endphase der europäischen Kreuzzugsbewegung erlebte – nur in der Hölle in Erscheinung treten.

DANTE: Schon stand die Flamme steil empor und still, und sprach nicht weiter und verließ uns wieder. Wir setzten unsre Wandrung fort, erstiegen die Felsenbrücke überm neunten Graben, wo fürchterlich die Zwietrachtstifter leiden. Wenn alle, die in Süditalien je seit Römerzeiten bis zum Untergang der Hohenstaufen in hundert Schlachten bluteten, all ihre verstümmelten, alle ihre durchbohrten Gelenke und Glieder zeigten, was wär das, gemessen an des neunten Grabens Grausen? Ein Faß, dem Dauben oder Gere fehlen, ist nicht so leck, wie einer, den ich sah: vom Kinn bis dorthin, wo man furzt, gespalten. Zwischen den Beinen hing ihm das Gedärme, Herz, Leber, Milz, dazu der ekle Schlauch, der Scheiße macht aus dem, was wir verschlingen. Indessen ich die Blicke auf ihn heftete, sah er mich an, zerriß mit beiden Händen die Brust sich, sprach:
MOHAMMED: Schau her, wie ich mich spalte! Schau her, wie Mohammed verstümmelt ward! Vor mir geht weinend der Sektierer Ali, vom Kinn zum Schopf das Angesicht zerschlitzt. Auch alle andren, die du hier erblickst, säten einst Ärgernis und Kirchenspaltung und Ketzereien. Drum

sind sie so zerspellt. Dort unten steht ein Teufel, der so grausam zerstückelt, jeden unsrer Sorte so mit seines Schwertes scharfen Schnitten schlitzt, wenn wir die schmerzliche Straße rundgegangen, denn immer schließen unsre Wunden sich, bevor wir wieder bei ihm sind.

DANTE: So sprach der Mohammed.

Dante Alighieri:
„Die göttliche Komödie"

Die wohl berühmteste literarische Auseinandersetzung mit dem Islam, wenn auch nicht mit der Person Mohammeds, ist das dramatische Gedicht „Nathan der Weise" von Gotthold Ephraim Lessing (1729–1781). In diesem Theaterstück erzählt der Jude Nathan Sultan Saladin auf die Frage nach der wahren Religion die Ringparabel – eine beeindruckende Übertragung des aufklärerischen Toleranzgedankens auf das Gebiet der Religion.

NATHAN. Traun, ein schöner Titel! Doch, Sultan, eh' ich mich dir ganz vertraue, erlaubst du wohl, dir ein Geschichtchen zu erzählen?

SALADIN. Warum das nicht? Ich bin stets ein Freund gewesen von Geschichtchen, gut erzählt.

NATHAN. Ja, *gut* erzählen, das ist nun wohl eben meine Sache nicht.

SALADIN. Schon wieder so stolz bescheiden? – Mach'! erzähl', erzähle!

NATHAN. Vor grauen Jahren lebt' ein Mann in Osten, der einen Ring von unschätzbarem Wert aus lieber Hand besaß. Der Stein war ein Opal, der hundert schöne Farben spielte, und hatte die geheime Kraft, vor Gott und Menschen angenehm zu machen, wer in dieser Zuversicht ihn trug. Was Wunder, daß ihn der Mann in Osten darum nie vom Finger ließ; und die Verfügung traf, auf ewig ihn bei seinem Hause zu erhalten? Nämlich so. Er ließ den Ring von seinen Söhnen dem geliebtesten; und setzte fest, daß dieser wiederum den Ring von seinen Söhnen dem vermache, der ihm der liebste sei; und stets der liebste, ohn' Ansehn der Geburt, in Kraft allein des Rings, das Haupt, der Fürst des Hauses werde. – Versteh mich, Sultan.

SALADIN. Ich versteh' dich. Weiter!

NATHAN. So kam nun dieser Ring, von Sohn zu Sohn, auf einen Vater endlich von drei Söhnen; die alle drei ihm gleich gehorsam waren, die alle drei er folglich gleich zu lieben sich nicht entbrechen konnte. Nur von Zeit zu Zeit schien ihm bald der, bald dieser, bald der dritte, – sowie jeder sich mit ihm allein befand, und sein ergießend Herz die andern zwei nicht teilten, – würdiger des Ringes; den er denn auch einem jeden die fromme Schwachheit hatte, zu versprechen. Das ging nun so, solang es ging. – Allein es kam zum Sterben, und der gute Vater kömmt in Verlegenheit. Es schmerzt ihn, zwei von seinen Söhnen, die sich auf sein Wort verlassen, so zu kränken. – Was zu tun? – Er sendet in geheim zu einem Künstler, bei dem er, nach dem Muster seines Ringes, zwei andere bestellt, und weder Kosten noch Mühe sparen heißt, sie jenem gleich, vollkommen gleich zu machen. Das gelingt dem Künstler. Da er ihm die Ringe bringt, kann selbst der Vater seinen Musterring nicht unterscheiden. Froh und freudig ruft er seine Söhne, jeden ins-

besondre; gibt jedem insbesondre seinen Segen, – und seinen Ring, – und stirbt. – Du hörst doch, Sultan?
SALADIN *(der sich betroffen von ihm gewandt).* Ich hör', ich höre! – Komm mit deinem Märchen nur bald zu Ende. – Wird's?
NATHAN. Ich bin zu Ende. Denn was noch folgt, versteht sich ja von selbst. – Kaum war der Vater tot, so kömmt ein jeder mit seinem Ring, und jeder will der Fürst des Hauses sein. Man untersucht, man zankt, man klagt. Umsonst; der rechte Ring war nicht erweislich; – *(nach einer Pause, in welcher er des Sultans Antwort erwartet)* Fast so unerweislich, als uns itzt – der rechte Glaube.
SALADIN. Wie? das soll die Antwort sein auf meine Frage?...
NATHAN. Soll mich bloß entschuldigen, wenn ich die Ringe mir nicht getrau' zu unterscheiden, die der Vater in der Absicht machen ließ, damit sie nicht zu unterscheiden wären.
SALADIN. Die Ringe! – Spiele nicht mit mir! – Ich dächte, daß die Religionen, die ich dir genannt, doch wohl zu unterscheiden wären. Bis auf die Kleidung, bis auf Speis' und Trank!
NATHAN. Und nur von seiten ihrer Gründe nicht. – Denn gründen alle sich nicht auf Geschichte? Geschrieben oder überliefert! – Und Geschichte muß doch wohl allein auf Treu' und Glauben angenommen werden? – Nicht? – Nun, wessen Treu' und Glauben zieht man denn am wenigsten in Zweifel? Doch der Seinen? Doch deren Blut wir sind? doch deren, die von Kindheit an uns Proben ihrer Liebe gegeben? die uns nie getäuscht, als wo getäuscht zu werden uns heilsamer war? – Wie

Mohammed, der Betrüger. Stich aus dem 18. Jahrhundert.

kann ich meinen Vätern weniger als du den deinen glauben? Oder umgekehrt. – Kann ich von dir verlangen, daß du deine Vorfahren Lügen strafst, um meinen nicht zu widersprechen? Oder umgekehrt? Das nämliche gilt von den Christen. Nicht? –
SALADIN. (Bei dem Lebendigen! Der Mann hat recht. Ich muß verstummen.)
NATHAN. Laß auf unsre Ring' uns wieder kommen. Wie gesagt: die

Söhne verklagten sich; und jeder schwur dem Richter, unmittelbar aus seines Vaters Hand den Ring zu haben. – Wie auch wahr! – Nachdem er von ihm lange das Versprechen schon gehabt, des Ringes Vorrecht einmal zu genießen. – Wie nicht minder wahr! – Der Vater, beteurte jeder, könne gegen ihn nicht falsch gewesen sein; und eh' er dieses von ihm, von einem solchen lieben Vater, argwohnen lass': eh' müss' er seine Brüder, so gern er sonst von ihnen nur das Beste bereit zu glauben sei, des falschen Spiels bezeihen; und er wolle die Verräter schon auszufinden wissen; sich schon rächen.

SALADIN. Und nun, der Richter? – Mich verlangt zu hören, was du den Richter sagen lässest. Sprich!

NATHAN. Der Richter sprach: Wenn ihr mir nun den Vater nicht bald zur Stelle schafft, so weis' ich euch von meinem Stuhle. Denkt ihr, daß ich Rätsel zu lösen da bin? Oder harret ihr, bis daß der rechte Ring den Mund eröffne? – Doch halt! Ich höre ja, der rechte Ring besitzt die Wunderkraft beliebt zu machen; vor Gott und Menschen angenehm. Das muß entscheiden! Denn die falschen Ringe werden doch das nicht können! – Nun; wen lieben zwei von Euch am meisten? – Macht, sagt an! Ihr schweigt? Die Ringe wirken nur zurück? und nicht nach außen? Jeder liebt sich selber nur am meisten? – O, so seid ihr alle drei betrogene Betrüger! Eure Ringe sind alle drei nicht echt. Der echte Ring vermutlich ging verloren. Den Verlust zu bergen, zu ersetzen, ließ der Vater die drei für einen machen.

SALADIN. Herrlich! herrlich!

NATHAN. Und also, fuhr der Richter fort, wenn ihr nicht meinen Rat, statt meines Spruches, wollt: Geht nur! – Mein Rat ist aber der: ihr nehmt die Sache völlig wie sie liegt. Hat von euch jeder seinen Ring von seinem Vater: so glaube jeder sicher seinen Ring den echten. – Möglich; daß der Vater nun die Tyrannei des *einen* Rings nicht länger in seinem Hause dulden wollen! – Und gewiß; daß er euch alle drei geliebt, und gleich geliebt: indem er zwei nicht drücken mögen, um einen zu begünstigen. – Wohlan! Es eifre jeder seiner unbestochnen von Vorurteilen freien Liebe nach! Es strebe von euch jeder um die Wette, die Kraft des Steins in seinem Ring' an Tag zu legen! komme dieser Kraft mit Sanftmut, mit herzlicher Verträglichkeit, mit Wohltun, mit innigster Ergebenheit in Gott zu Hilf'! Und wenn sich dann der Steine Kräfte bei euern Kindes-Kindeskindern äußern: So lad' ich über tausend tausend Jahre sie wiederum vor diesen Stuhl. Da wird ein weisrer Mann auf diesem Stuhle sitzen als ich; und sprechen. Geht! – So sagte der bescheidne Richter.

Gotthold Ephraim Lessing:
„Nathan der Weise“

Johann Wolfgang von Goethe (1749–1832) beschäftigte sich vor allem aufgrund seiner Begeisterung für den persischen Dichter Hafiz für den Koran. Das berühmteste und gelungenste Produkt dieser Begegnung ist sicher der „Westöstliche Diwan", einen Gedichtzyklus, den Goethe charakteristischerweise mit der „Hegire" (= Hiğra) beginnen läßt.

Hegire

Nord und West und Süd zersplittern,
Throne bersten, Reiche zittern,
Flüchte du, im reinen Osten
Patriarchenluft zu kosten,
Unter Lieben, Trinken, Singen
Soll dich Chisers Quell verjüngen.

Dort, im Reinen und im Rechten,
Will ich menschlichen Geschlechten
In des Ursprungs Tiefe dringen,
Wo sie noch von Gott empfingen
Himmelslehr in Erdesprachen
Und sich nicht den Kopf zerbrachen.

Wo sie Väter hoch verehrten,
Jeden fremden Dienst verwehrten;
Will mich freun der Jugendschranke:
Glaube weit, eng der Gedanke,
Wie das Wort so wichtig dort war,
Weil es ein gesprochen Wort war.

Will mich unter Hirten mischen,
An Oasen mich erfrischen,
Wenn mit Karawanen wandle,
Schal, Kaffee und Moschus handle;
Jeden Pfad will ich betreten
Von der Wüste zu den Städten.

Bösen Felsweg auf und nieder
Trösten, Hafis, deine Lieder,
Wenn der Führer mit Entzücken
Von des Maultiers hohem Rücken
Singt, die Sterne zu erwecken
Und die Räuber zu erschrecken.

Will in Bädern und in Schenken,
Heil'ger Hafis, dein gedenken,
Wenn den Schleier Liebchen lüftet,
Schüttelnd Ambralocken düftet.
Ja, des Dichters Liebeflüstern
Mache selbst die Huris lüstern.

Wolltet ihr ihm dies beneiden
Oder etwa gar verleiden,
Wisset nur, daß Dichterworte
Um des Paradieses Pforte
Immer leise klopfend schweben,
Sich erbittend ew'ges Leben.

Johann Wolfgang von Goethe:
„Westöstlicher Diwan"

Der Versuch Goethes, die Figur Mohammeds (Mahomets) als eigenen Stoff aufzunehmen, ist Fragment geblieben. Das Gedicht „Mahomets Gesang", ursprünglich als Teil des Dramas gedacht, nimmt die Aussage des Theaterstücks aber bereits vorweg.

Mahomets-Gesang

Seht den Felsenquell
Freudenhell,
Wie ein Sternenblick!
Über Wolken
Nährten seine Jugend
Gute Geister
Zwischen Klippen im Gebüsch.

Jünglingfrisch
Tanzt er aus der Wolke
Auf die Marmorfelsen nieder,
Jauchzet wieder
Nach dem Himmel.

Durch die Gipfelgänge
Jagt er bunten Kieseln nach,
Und mit frühem Führertritt
Reißt er seine Bruderquellen
Mit sich fort.

Drunten werden in dem Tal
Unter seinem Fußtritt Blumen,
Und die Wiese
Lebt von seinem Hauch.

Doch ihn hält kein Schattental,
Keine Blumen,
Die ihm seine Knie' umschlingen,
Ihm mit Liebesaugen schmeicheln;
Nach der Ebne dringt sein Lauf,
Schlangewandelnd.

Bäche schmiegen
Sich gesellig an.
Nun tritt er
In die Ebne silberprangend,
Und die Ebne prangt mit ihm,
Und die Flüsse von der Ebne
Und die Bäche von Gebürgen
Jauchzen ihm und rufen: Bruder,
Bruder, nimm die Brüder mit,
Mit zu deinem alten Vater,
Zu dem ew'gen Ozean,
Der mit weitverbreit'ten Armen
Unsrer wartet;
Die sich, ach, vergebens öffnen,
Seine Sehnenden zu fassen;
Denn uns frißt in öder Wüste
Gier'ger Sand,
Die Sonne droben
Saugt an unserm Blut,
Ein Hügel
Hemmet uns zum Teiche.
Bruder,
Nimm die Brüder von der Ebne,
Nimm die Brüder von Gebürgen
Mit, zu deinem Vater mit!

Kommt ihr alle! –
Und nun schwillt er
Herrlicher, ein ganz Geschlechte
Trägt den Fürsten hoch empor,
Und im rollenden Triumphe
Gibt er Ländern Namen, Städte
Werden unter seinem Fuß.

Unaufhaltsam rauscht er über,
Läßt der Türne Flammengipfel,
Marmorhäuser, eine Schöpfung
Seiner Fülle, hinter sich.

Zedernhäuser trägt der Atlas
Auf den Riesenschultern, sausend
Wehen über seinem Haupte
Tausend Segel auf zum Himmel
Seine Macht und Herrlichkeit.

Und so trägt er seine Brüder,
Seine Schätze, seine Kinder
Dem erwartenden Erzeuger
Freudebrausend an das Herz.

Johann Wolfgang von Goethe:
„Mahomets-Gesang“

Die Kamelschlacht. Persische Miniatur.

Die Erzählungen des gegenwärtig in Heidelberg lebenden Salim Alafenisch spielen alle in der Wüste Palästinas, bei den Beduinen. Alafenisch ist selbst als Sohn eines Scheichs dort aufgewachsen, und seine Geschichten spiegeln das Leben der Menschen wider, die noch immer so leben, wie es wohl auch die Verwandten Mohammeds taten.

Der Großvater rief seinen Vater neben das Zelt. Beide setzten sich in das kühle Gras.

„Vater, ich muß mir dir reden!"

„Ich höre, mein Sohn."

„O Vater! Allah möge dir ein langes Leben schenken und deine Ehre schützen! Ich bin groß und habe das Mannesalter erreicht." Er senkte seinen Blick zu Boden und fuhr fort: „Ich möchte heiraten!"

Der Vater strich seinen schneeweißen, langen Bart und richtete versonnen den Blick nach oben. Dann erwiderte er: „Auch ich habe schon daran gedacht. Ich möchte mit meinen Enkeln spielen." Und er fuhr fort: „Hast du ein bestimmtes Mädchen aus unserem Stamm im Sinn?"

„Meine Cousine Aischa! Sie ist eine tüchtige Kamelhirtin, und wir spielen zusammen auf der Weide. Wir kennen uns gut."

Das Gesicht des Vaters strahlte. „An sie habe ich auch gedacht. Ich werde die Angelegenheit mit meinem Bruder regeln", erwiderte der Vater.

Auch Aischa sprach an diesem Abend mit ihrer Mutter. „O meine teure Mutter! Allah möge dir Gesundheit schenken! Ich bin groß, und seit zwei Frühlingen bekomme ich meine Tage. Mein Vetter hat mir heute auf der Weide einen Heiratsantrag gemacht."

Die Mutter kratzte ihre Nase und dachte nach. „Darüber kann ich nicht allein entscheiden. Aber ich verspreche dir, daß ich heute nacht mit deinem Vater darüber reden werde. Dein Vetter ist ein braver Junge!"

Aischa stand auf und küßte ihre Mutter auf die Stirn. Und die Mutter sagte mit beschwichtigender Stimme: „Ich werde sehen, was ich tun kann, mein Kind. Jetzt geh und schlafe, morgen früh wirst du deine Kamele zur Weide führen."

Spät in der Nacht kehrte Aischas Vater aus dem Männerzelt zurück. Als er sich neben seine Frau auf das Lager legte, fand er diese noch wach. „Einer der Stammesgäste erzählte uns viele spannende Geschichten, bis es spät wurde", sagte der Vater.

„Es ist Vollmond, und auch ich kann nicht einschlafen", bemerkte Aischas Mutter. Sie griff nach ihrem Tabaksbeutel und drehte sich eine Zigarette. Sie begann zu rauchen. „Höre", sagte sie, „ich muß mit dir über unsere Tochter reden. Die Ehre einer Frau ist wie Glas: Wenn es zerbricht, kann es nicht wieder zusammengefügt werden."

„Ist etwas Schlimmes passiert?" unterbrach der Vater seine Frau.

„Nein", beruhigte ihn diese, und sie fuhr fort: „Aber Aischa ist groß, und man weiß nicht, was ihr auf dem Weg zur Weide alles zustoßen könnte. Heiraten ist die beste Sicherheit für ein Mädchen!" Aischa lauschte unter dem Kamelfell den Worten ihrer Mutter.

Der Vater hatte aufmerksam zugehört. Er überlegte eine Weile, dann sprach er: „Ich kann nicht zu den Männern gehen und meine Tochter anbieten wie ein Kamel auf dem Markt!"

„So habe ich das auch nicht gemeint. Ich bin eine Frau, die die Sitten kennt."

„An wen hast du gedacht! Hast du etwas gerochen?" fragte der Vater und reckte seinen Hals wie ein neugieriges Kamel.

Die Mutter lächelte: „Du weißt doch, Aischa geht mit ihrem Vetter seit vielen Jahren auf die Weide!"

„Ach so! Ich verstehe", nickte der Vater. Und Aischas Mutter legte ihren Arm über seine Brust und erzählte ihm die Geschichte von der Weide.

„Dann werden wir bald Besuch bekommen", sagte der Vater. Und so sprachen sie miteinander, bis der Schlaf sie überwältigte.

Am nächsten Morgen führte Aischa ihre Kamelherde zur Weide und traf dort ihren Vetter. Sie erzählten einander von den Gesprächen mit ihren Eltern.

Als die Herde das Zeltlager verlassen hatte, begab sich euer Urgroßvater zu seinem Bruder. Vor dem Zelteingang wurde er empfangen: „Der Gast sei willkommen!“

„Ich möchte heute bei euch den gewürzten Morgenkaffee trinken!“ erwiderte der Gast.

„Der Gast sei willkommen, mein teurer Bruder!“ Und Aischas Mutter rollte den besten Teppich aus.

„Ich gehöre doch zur Familie“, sagte der Gast, als er den bunten Teppich sah.

„Wer ist ein ehrenhafterer Gast als du?“ erwiderte Aischas Mutter, und ihr Gesicht strahlte. So tranken sie den Morgenkaffee und sprachen über dies und das, die Kamele und die Weiden, über die Blutrache im Nachbarstamm und die Salzkarawane.

Nach geraumer Zeit sprach der Gast: „O Bruder, mein Augapfel!“ Und er strich sich über den Schnurrbart. „Wir sind alt, und wir danken Allah, daß wir Nachkommen haben, die unsere Namen weitertragen. Mein Sohn und deine Tochter sind groß geworden. Heiraten ist eine gute Sache für das Mädchen und für den Jungen. Es bindet unsere Kinder zusammen und stärkt unsere Sippe. Ich bin heute zu dir gekommen, um dich um Aischas Hand zu bitten.“

Aischas Vater nahm einen Schluck aus dem Kaffeeschälchen und erwiderte: „Du weißt, mein Bruder, deine Kinder haben einen Platz in meinem Herzen. Die Cousinenheirat haben schon unsere Vorfahren bevorzugt. Sie sagten: Heirate deine Cousine, auch wenn niemand sie heiraten will, und folge dem Weg, auch wenn er lang ist! Dein Sohn kennt meine Tochter, und meine Tochter kennt ihn. So bleibt die Sache in der Familie.“

„Dann können wir die Angelegenheit gleich unter uns beim Morgenkaffee regeln. Wie viele Kamele willst du als Brautgabe für deine Tochter haben? Meine Kamelherde ist groß. Was du davon nimmst, ist mir lieber, als was du läßt.“

Aischas Vater schwieg einen Moment. Dann sprach er zu seinem Bruder: „Ich werde Aischa Sallam ohne Brautgabe geben. Er ist nicht nur ihr Vetter, sondern auch ihr Beschützer!“

„Ich danke dir, Bruder, für deine Großzügigkeit. Brautgabe willst du nicht haben. Dann verspreche ich dir meine Tochter Nasrah für deinen Sohn Abd-Allah.“

So legten die Männer die Hände ineinander und murmelten Verse aus dem Koran. Dann trällerte Aischas Mutter dreimal. Und so wurde die erste Ehe des Großvaters geschlossen.

Salim Alafenisch:
„Die acht Frauen des Großvaters“

Die Veröffentlichung der „Satanischen Verse" des indischen Autors Salman Rushdie im Jahr 1988 und das Todesurteil Ayatollah Khomeinis gegen ihn im Februar 1989 haben viel Staub aufgewirbelt. Doch über der Diskussion darüber, wie das Todesurteil zu bewerten sei, wurde oft genug übersehen, worum es in dem Roman eigentlich geht. Salman Rushdie beschreibt darin ausführlich die Probleme zweier indischer Moslems, die sich der säkularisierten westlichen Welt gegenübersehen. Einer der Protagonisten, Gibril Farishta, identifiziert sich in dieser Szene gleichzeitig mit der Gestalt des Erzengels Gabriel, dessen Namen er trägt, und der des Propheten Mohammed. Gibril erlebt die Offenbarung des Islam in diesem Moment gleichsam von beiden Seiten.

Aber nachdem er geruht hat, fällt er in einen anderen Schlaf, eine Art Nicht-Schlaf, den Zustand, den er *Zuhören* nennt, und er spürt einen ziehenden Schmerz in den Eingeweiden, wie etwas, das versucht, geboren zu werden, und jetzt empfindet Gibril, der Oben-Schwebende-Hinunterschauende, eine Verwirrung, wer bin ich, in diesen Augenblicken beginnt es den Anschein zu haben, als wäre der Erzengel tatsächlich im Propheten, ich bin das Ziehen in den Eingeweiden, ich bin der Engel, der aus dem Nabel des Schlafenden gepreßt wird, ich komme heraus, Gibril Farishta, während mein anderes Ich liegt und *zuhört,* in Trance, ich bin an ihn gebunden, Nabel an Nabel, durch eine leuchtende Lichtschnur, unmöglich zu sagen, wer von uns den anderen träumt. Entlang der Nabelschnur fließen wir in beide Richtungen.

Heute spürt Gibril sowohl die überwältigende Stärke Mahounds wie auch seine Verzweiflung: seine Zweifel. Auch, daß er in großer Bedrängnis ist, aber Gibril kennt seinen Text immer noch nicht... er hört auf das Zuhören-das-auch-ein-Fragen ist. Mahound *fragt:* Sie sahen Wunder, aber sie glaubten nicht. Sie sahen, die ganze Stadt sah, wie du zu mir kamst und meine Brust öffnetest, sie sahen, wie du mein Herz wuschest in den Wassern von Zamzam und es wieder in meinen Körper einsetztest. Viele von ihnen sahen es, aber immer noch verehren sie Steine. Und als du des Nachts kamst und mit mir nach Jerusalem flogst und ich über der heiligen Stadt schwebte, bin ich damals nicht zurückgekommen und habe sie genau beschrieben, bis in die kleinste Einzelheit? So daß es keinen Zweifel am Wunder geben konnte, und dennoch gingen sie zu Lat. Habe ich denn nicht mein Bestes getan, um es ihnen einfach zu machen? Als du mich zum Thron selbst hinauftrugst und Allah den Gläubigen die große Bürde von vierzig Gebeten pro Tag auferlegte. Auf dem Rückweg traf ich Moses, und er sagte, die Bürde ist zu schwer, kehre um und bitte um weniger. Viermal kehrte ich um, viermal sagte Moses, noch immer zuviel, kehre noch einmal um. Aber beim vierten Mal hatte Allah die Gebühr auf fünf herabgesetzt, und ich weigerte mich umzukehren. Ich schämte mich, um noch weniger zu bitten. In seiner unermeßlichen Großzügigkeit verlangte er fünf statt vierzig, und immer noch lieben sie Manat, wollen sie Uzza. Was kann ich tun? Was soll ich vortragen?

Gibril bleibt still, weiß keine Antworten, um Himmels willen, Bhai, frag mich doch nicht. Mahounds Qualen sind schrecklich. Er *fragt:* Ist es möglich, daß sie *Engel* sind? Lat, Manat, Uzza... kann ich sie engelsgleich nennen? Gibril, hast du Schwestern? Sind sie die Töchter Gottes? Und er geht mit sich ins Gericht: ach, meine Eitelkeit, ich bin ein hoffärtiger Mensch, ist es Schwäche, ist es nur der Wunsch nach Macht? Muß ich an mir wegen eines Sitzes im Rat Verrat begehen? Ist das vernünftig und weise oder ist es eitel und zeugt von Eigenliebe? Ich weiß nicht einmal, ob der Grande es ehrlich meint. Weiß er es denn? Womöglich nicht. Ich bin schwach, und er ist stark, sein Angebot verleiht ihm viele Möglichkeiten, mich zu ruinieren. Aber ich habe auch viel zu gewinnen. Die Seelen der Stadt, der Welt, die sind doch gewiß drei Engel wert? Ist Allah so unbeugsam, daß er nicht weitere drei annehmen kann, um die Menschheit zu retten? – Ich weiß nichts. – Sollte Gott stolz oder demütig sein, majestätisch oder einfach, nachgiebig oder un-? *Was für eine Art Idee ist er? Was für eine Art bin ich?*

Salman Rushdie:
„Die satanischen Verse"

Titelbild zu Rushdies „Satanischen Versen".

Zur Aussprache der Sonderzeichen:

Für die Umschrift der arabischen Begriffe und Eigennamen werden in der Literatur allgemein die verschiedensten Systeme benutzt. Die Schreibweise, die diesem Buch zugrunde liegt, orientiert sich an der heute in der deutschen Wissenschaft allgemein üblichen Umschrift.

ā ī ū	der Vokal wird lang ausgesprochen, Vokale ohne Längungsstrich sind grundsätzlich kurz
ṯ	stimmloses th, wie englisch thing
ǧ	dsch
ḥ	sehr stark aspiriertes h
ḫ	hartes ch, wie deutsch ach
ḏ	stimmhaftes th, wie englisch with
r	Zungen-r
z	stimmhaftes s, wie deutsch summen
š	sch
ṣ	dumpfes, stimmloses s (der Folgevokal wird dunkel eingefärbt)
ḍ	dumpfes, nicht aspiriertes d (der Folgevokal wird dunkel eingefärbt)
ṭ	dumpfes, nicht aspiriertes t (der Folgevokal wird dunkel eingefärbt)
ẓ	dumpfes, stimmhaftes s (der Folgevokal wird dunkel eingefärbt
q	im Kehlkopf gebildetes k
c	im Hals gebildeter Reibelaut
ġ	Rachen-r
'	Stimmabsatz

Glossar

'Aṣabiyya (arab.): Solidarität der Klans und Stämme untereinander.

Hiğra (arab. = Ausreise): Bezeichnung für die Auswanderung Mohammeds im September 622 von Mekka nach Madīna; Beginn der islamischen Zeitrechnung.

Ka'ba (arab. = Würfel): Dieses würfelförmige Bauwerk aus Stein gilt als zentrale Kultstätte des Islams in Mekka. Die Ka'ba war schon vor dem Islam ein Zentralheiligtum der arabischen Stämme. Mohammed übernahm sie in seinen Kult, indem er die Gebetsrichtung nach ihr ausrichtete und das siebenmalige Umschreiten der Ka'ba in den Mittelpunkt der Pilgerfahrt stellte.

Kalif (arab. ẖalīfa = Stellvertreter, Nachfolger): Bezeichnung für den Nachfolger des Propheten Mohammed als Oberhaupt der muslimischen Gemeinschaft und des Kalifenreichs. Die wichtigsten Kalifen waren die vier unmittelbaren Nachfolger Mohammeds, Abū Bakr, 'Umar, 'Uṯmān und 'Alī, die auch als die vier „rechtgeleiteten" Kalifen bezeichnet werden. Der Kalif wurde von einem Kollegium von führenden Persönlichkeiten gewählt. Nach der Wahl mußten die obersten Würdenträger des Staates vor dem Kalifen ein Treuegelöbnis ablegen. Der Kalif hatte die Pflicht, den Bestand des islamischen Herrschaftsgebietes zu bewahren bzw. zu erweitern und die islamische Rechtsordnung zu sichern. Das Kalifat wurde 1924 abgeschafft.

Klan (engl. Clan): Völkerkundliche Bezeichnung für eine Bevölkerungsgruppe, die ihre Abstammung von einem meist mythischen Wesen ableitet. Der Klan ist eine Unterteilung des Stammes.

Minarett (arab. manara; eigentlich: = Platz, wo Feuer oder Licht ist): Turm der Moschee, auf dem der Muezzin die Gebetszeit ausruft.

Moschee (arab. masğid = Anbetungsort, „Ort, an dem man sich niederwirft"): Versammlungsort der islamischen Gläubigen, in dem fünfmal täglich ein Gebetsgottesdienst stattfindet. Darüber hinaus ist die Moschee Ort der Gemeindeversammlungen und des theologischen Unterrichts und war bis ins 20. Jh. (ist es z.T. bis heute) wichtigster Ort der politischen Information und Meinungsbildung.

Muezzin (arab.): Gebetsrufer, der fünfmal täglich vom Minarett der Moschee herab die Moslems zum Gebet ruft.

Mystiker: Der Mystiker strebt eine individuelle Verbindung mit seiner Gottheit an, die oft als Vereinigung erlebt wird. Um diesen Zustand der Einheit mit seinem Gott zu erreichen, bedient sich der Mystiker bewußtseinserweiternder Praktiken, z. B. Kontemplation, Meditation, Askese. Die Auffassung der Mystiker beinhalten häufig eine antiinstitutionalistische Grundtendenz gegenüber der orthodoxen Religionsauffassung, denn individuelle religiöse Vorstellungen und Erlebnisse stehen im Vordergrund.

Polygamie (griech. = Mehrehe, Vielehe): Form der Ehe, bei der ein Mann gleichzeitig und andauernd mit mehreren Frauen verheiratet ist.

Qaṣīda (arab.): Bezeichnung für eine bestimmte Art altarabischer Gedichte mit gleichbleibendem Versmaß und Endreim. Die Qaṣīda besteht aus drei Teilen: einem Erinnerungsgedicht mit einer Klage über die Trennung von der Geliebten und einer Schilderung eines gefahrvollen Rittes durch die Wüste. Das Thema des dritten Teils ist das Lob der eigenen oder einer anderen Person oder auch die Auseinandersetzung mit einem Gegner.

Razzia (arab.-frz.): Schneller Raubüberfall der Beduinen auf eine Karawane oder Siedlung, bei dem es in der Regel keine Gefallenen gab.

Šarī'a (arab. = Weg zur Tränke): Name der Pflichtenlehre und des religiösen Rechts im Islam. Die Šarī'a legt religiöse Pflichten (Gebet, Fasten, Almosen, Pilgerfahrt), ethische Normen und Rechtsgrundsätze für alle Lebensbereiche fest. Diese Vorschriften der gottgewollten Ordnung beruhen auf dem Koran, der Sunna und auf Einflüssen des Gewohnheitsrechts aus dem 7. bis 10. Jahrhundert.

Šī'a (arab. = Partei): Partei des vierten Kalifen 'Alī Ibn Abī Ṭālib, die ihn, den Vetter und Schwiegersohn Mohammeds, und seine Nachkommen als einzige rechtmäßige Nachfolger des Propheten anerkennt. Die Anhänger der Šī'a, die Schiiten, spalteten sich später als religiöse Gruppe innerhalb des Islam ab und sind heute vor allem im Iran (90%) und Irak (60% der Bevölkerung) eine wichtige politische Kraft.

Stamm: Bezeichnung für eine ethnische Gruppe, die eine gemeinsame Sprache und Kultur besitzt und im gleichen Siedlungsgebiet lebt.

Sunna (arab. = überkommene Handlungsweise): Die Gesamtheit der von Mohammed überlieferten Aussprüche, Entscheidungen und Verhaltensweisen. Die Sunna gilt im Islam als Richtschnur des Handelns im persönlichen, gesellschaftlichen und staatlichen Bereich. Die ersten umfassenden schriftlichen Sammlungen der Sunna entstanden im 8. Jahrhundert und bilden neben dem Koran eine Hauptquelle für die Glaubenslehre des Islam.

theokratischer Staat (griech): Staatsform, die durch die Religion legitimiert und geprägt wird. Im theokratischen Staat stimmen religiöse und weltliche Ordnung überein.

Totem: Wesen oder Ding (Tier, Pflanze, Naturerscheinung), das bei Naturvölkern als Ahne eines Menschen oder einer sozialen Gruppe gilt, als zauberischer Helfer verehrt wird und weder getötet noch verletzt werden darf.

Umma (arab. = Volk, Gemeinschaft): Name für die Religionsgemeinschaft des Islams. Im Koran wird jedes Volk, dem Gott einen Propheten schickte als „Umma" bezeichnet. Heute wird der Begriff auch in der Bedeutung „Nation" verwendet.

Wucherer: Bezeichnung für eine Person, die die Notlage, die Unwissenheit oder den Leichtsinn eines Schuldners ausnützt, indem sie für eine geliehene Geldsumme unangemessen hohe Zinsen fordert.

Kleine Auswahl der weiterführenden Literatur

Hans Bauer: Islamische Ethik. Nach Originalquellen übersetzt und erläutert, Hildesheim 1979

C. Brockelmann: Geschichte der arabischen Literatur, Leipzig 1901

Joseph Hell: Die Religion des Islam. Von Mohammed bis Ghazali. Aus den Grundwerken übersetzt und eingeleitet, Jena 1915

A. Guillaume: The Life of Muhammed. A Translation of Ishaq's Sirat Rasul Allah, Karachi 1955

Arnold Hottinger: Die Araber vor ihrer Zukunft. Geschichte und Problematik der Verwestlichung, Zürich 1988

Gerhard Konzelmann: Die islamische Herausforderung, Hamburg 1980

Gerhard Konzelmann: Mohammed. Allahs Prophet und Feldherr, Bergisch Gladbach 1983

Lexikon der Islamischen Welt (3 Bände), Hrsg.: Klaus Kreisser, Werner Diem und Hans Georg Majer, Stuttgart-Berlin-Köln-Mainz 1974

Rudi Paret: Mohammed und der Koran. Geschichte und Verkündigung des arabischen Propheten, Stuttgart-Berlin-Köln-Mainz 1985

Salim Alafenisch: Der Weihrauchhändler, Berlin 1989

Taufiq al-Hakim: Staatsanwalt unter Fellachen. Roman aus Ägypten, Zürich 1982

Tahar Ben Jelloun: Der Gedächtnisbaum, Berlin 1989

Erzählungen aus den Tausendundeinen Nächten. Vollständige deutsche Ausgabe. Nach dem arabischen Urtext übertragen von Enno Littmann, Frankfurt am Main 1981

Verwendete Literatur

Der Koran. Übersetzt von Max Henning. © 1960 PHILIPP RECLAM JUN. GmbH & Co., Stuttgart

Abū 'Adullāh Muḥammad Ibn Isḥāk: Sīra, aus Rudolf Jockel, Islamische Geisteswelt von Mohammed bis zur Gegenwart. © 1981 by Drei Lilien Verlag GmbH, Wiesbaden

Abū 'Abdullāh Muḥammad Ibn Ismā'īl al-Ǧufī al-Buḥārī: Ǧami-as-Saḥīḥ, aus Rudolf Jockel, Islamische Geisteswelt.... ebd.

Abū 'Abdullāh Mālik Ibn Anas Ibn Mālik Ibn Abū Āmīr Ibn 'Amr Ibn al-Ḫāris Ibn Ġaimān Ibn Ḫusail Ibn 'Amr Ibn al-Ḥāris al-Aṣbaḥī: Kitāb ul-Muwatta, aus: Rudolf Jockel, Islamische Geisteswelt... ebd.

Al-Imām Abū 'Abdullāh Muḥammad Ibn Idrīs aš-Šāfi'ī: Kitāb al-Umm, aus: Rudolf Jockel, Islamische Geisteswelt... ebd.

Peter Scholl-Latour: Allah ist mit den Standhaften. © Deutsche Verlags-Anstalt GmbH, Stuttgart

Al-Bannas Erinnerungsbuch: Erinnerungen des Rufes und seines Rufers, aus: Arnold Hottinger, Allah heute. © pendo verlag, Zürich 1981

Malise Ruthven: Seid Wächter der Erde! © Verlag Ullstein GmbH, Berlin

Dante Alighieri: Die göttliche Komödie. © Prestel Verlag, München

Gotthold Ephraim Lessing: Nathan der Weise, Stuttgart 1967

Johann Wolfgang von Goethe: Mahomets-Gesang, Berlin 1978

Johann Wolfgang von Goethe: Hegire. Aus: Der westöstliche Diwan. Berlin 1979

Salim Alafenisch: Die acht Frauen des Großvaters. © Unionsverlag, Zürich

Salman Rushdie: Die Satanischen Verse. © ARTIKEL 19 VERLAG, Hamburg

Bildnachweise

Umschlag
Vorderseite: Berittener Beduine. Gemälde. Paris, Gallimard.
Rückseite: Die Ka'ba in Mekka. Miniatur. Paris, Gallimard.

Bildvorspann
Miniaturen aus Mirajname, uigurisch-mongolisches Manuskript, 16. Jh. Paris, Bibliothèque nationale.
Seite 11 Die Ka'ba im Zentrum zwischen den Ländern, die kreisförmig um sie herum angeordnet sind. Miniatur aus: Lever du bonheur et les sources de la puissance. Supp. turc 242. Ebd.

Erstes Kapitel
12 Karawane während der Rast. Miniatur des Yaḥyā al-Wasītī. In: Die Makamāt des al-Harīrī, 1237. Ebd.
13 Mann auf seinem Kamel. Gouache aus Ägypten, 13. Jh. Paris, Louvre.
14 Die Ka'ba als Zentrum der bewohnten Welt. Persische Miniatur, 16. Jh. Istanbul, Universität.
15 Arabische Märchenerzähler. Gemälde von Horace Vernet. London, Wallace Collection.
16/17 Syrischer Araber auf der Reise. Gemälde von Prosper Marilhat, 1844. Chantilly, Musée Condé.
18 (oben links) Portrait des Chosrau (531–578). Sassanidisch. Paris, Bibliothèque nationale.
18 (unten) Kamel aus Silber, ziseliert. Aus dem Besitz Salāh ad-Dins. Paris, Artephot/Mandel.
19 Relief einer Göttin. Neben ihr Stadtpersonifikation der Stadt Palmyra, 1. Hälfte des 1. Jh. n. Chr. Damaskus, Nationalmuseum.
20/21 Gruppe von Männern im Gespräch. Miniatur des Yaḥyā al-Wasītī. In: Die Makamāt des al-Harīrī, 1237, Paris, Bibliothèque nationale.
22 Magischer Baum, von den Arabern vor der Ankunft Mohammeds verehrt. Miniatur aus: al-Qazwīnī, Kosmographie, 1388. Suppl. persan 332. Paris, Bibliothèque nationale.
23 Plan von der Ka'ba. Fayencekachel. London, Victoria and Albert Museum.
24/25 Die Anbetung der Magier (Details). Gemälde von A. Mantegna (1431–1506). Florenz, Uffizien.

Zweites Kapitel
26 Geburt des Propheten. Persische Miniatur. London, Sonia Halliday.
27 Große Kalligraphie vom Namen Mohammeds. Indisch. Paris, Gallimard.
28 Engel scharen sich um die Ka'ba und umgeben sie in der Nacht der Geburt des Propheten mit drei Tüchern. Persische Miniatur. Genf, Henri Stierlin.
29 'Abd al-Muṭṭālib hält den kleinen Mohammed in seinen Armen. Persische Miniatur. Ebd.
30 Ḥalīma gibt Mohammed die Brust. Persische Miniatur. Ebd.
31 'Abd al-Muṭṭālib und Abū Ṭālib in der Schule, die Mohammed besucht, nachdem sich dieser über seinen Lehrer beklagt hat. Persische Miniatur. Ebd.
32/33 Begrüßung des heranwachsenden Mohammed durch den Mönch Bahīrā in Bosra. Persische Miniatur. Edinburgh, Universität.
34/35 Versammlung junger Leute vor den Toren der Stadt. Miniatur des Yaḥyā al-Wasītī. In: Makamāt…, a.a.O.
35 (unten) Reiseszene. Indische Miniatur 16. Jh. Paris, Rapho/Michaud.
37 Mohammed und Ḥadīğa. Miniatur. In: Ishak von Nishapur, Die Qisās al-anbiyyā' (Legende der vorislamischen Propheten), 1581. Paris, Bibliothèque nationale.

Drittes Kapitel
38 Der Prophet Mohammed, mit anderen Propheten zusammensitzend. Miniatur aus dem uigurisch-mongolischen Manuskript Mirajname, 16. Jh. Istanbul, Bibliothek des Topkapi.
39 Der Engel Gabriel. Persische Miniatur, 16. Jh. Paris, Rapho/Michaud.
40 Mohammed und der Engel Gabriel. Persische Miniatur. Edinburgh, Universität.
41 Mohammed während seiner ersten Vision auf dem Berg Ḥirā'. Türkische Miniatur. Istanbul, Bibliothek des Topkapi.
42 Der göttliche Name Allāhs auf einer Keramikplatte von einem Grab. Paris, Rapho/Michaud.
43 Abū Bakr und Mohammed. Türkische Miniatur. Genf, Henri Stierlin.
44 Bilāl beim ersten Aufruf zum Gebet vor der Ka'ba. Türkische Miniatur. Paris, Gallimard.
45 Belehrung von 'Abd ar-Rahānī. Türkische Miniatur. Genf, Henri Stierlin.
46/47 Abū Ṭālib im Gespräch mit den Qurayš. Miniatur aus: Die wunderbare Geschichte Mohammeds. Suppl. persan. 1030. Paris, Bibliothèque nationale.
48/49 Das Volk von Mekka, um die Ka'ba versammelt. Türkische Miniatur. Genf, Henri Stierlin.
51 Ḥamza, der Onkel Mohammeds, schlägt Abū Ğahl auf den Kopf. Miniatur aus. Die wunderbare Geschichte Mohammeds, a.a.O.
52 Abū Bakr und Mohammed in einem Raum. Ebd.
53 Der Negus, von seinem Hofstaat umgeben, empfängt 'Umar und 'Umeyya, die ihm einen Brief Mohammeds überbringen. Ebd.
54 'Umar, der seine Schwester Fāṭima besucht, bringt ihr ein Schaf mit, das diese und ihr Mann jedoch ablehnen, da 'Umar kein Moslem ist. Türkische Miniatur. Genf, Henri Stierlin.
56 Begräbnis des Abū Ṭālib: Vier Männer tragen seinen Sarg. Miniatur in: Die wunderbare Geschichte Mohammeds, a.a.O.
57 Der Prophet auf dem Weg nach Madīna. Miniatur. Ebd.
58/59 Mohammed schließt mit den Bewohnern Madīnas einen Vertrag ab. Türkische Miniatur. Paris, Artephot/ Michaud.

Viertes Kapitel

60 Das Rote Meer mit den Städten Madīna und Mekka. Arabisches Manuskript des al-Idrīsī, 12. Jh. Kairo, Nationalbibliothek.

61 Die Moschee von Madīna. Stich 19. Jh. Paris, Roger-Viollet.

62/63 Die Hiğra. Persische Miniatur. Edinburgh, Universität.

64 Karte von Arabien im 7. Jh. Illustration von Jame's Prunier.

67 Bau der Moschee von Madīna. Türkische Miniatur. Paris, Sipa-Press.

68 Die Frauen des Propheten. Türkische Miniatur. Paris, Roland et Sabrina Michaud.

69 Mohammed, in der Moschee von Madīna betend. Persische Miniatur. Edingburgh, Universität.

70/71 Gemeinsames Mahl mit dem Propheten. Türkische Miniatur. Ebd.

72 Die angesehenen Herren von Madīna veranstalten ein Bankett. Türkische Miniatur. Paris, Henri Stierlin.

74 Der Ruf des Muezzin. Gemälde von J. L. Gérome (1824 – 1904). Hamburg, Kunsthalle.

75 Gebet in der Moschee. Gemälde von J. L. Gérome. London, Mathaf Gallery.

76/77 Das Gebet in der Moschee des Sayyid al-Ḥalawī in Tlemcen. Gemälde von Bartolini, 1884. Searight Collection. London, Victoria and Albert Museum.

78/79 Predigt in der Moschee. Gemälde von J. L. Gérome. Muncie, Ind., Ball State University Art Gallery.

80/81 Morgengebet. Aquarell von G. Ferrari, 1881. London, Mathaf Gallery.

Fünftes Kapitel

82 Die Schlacht von Badr, 624 n. Chr. Persische Miniatur. Istanbul, Bibliothek des Topkapi.

83 Fahne Mohammeds. Miniatur in einem religiösen Buch. Türkisch, 19. Jh. Paris, Bibliothèque nationale.

84/85 Aufbruch in den Heiligen Krieg. Gemälde von Etienne Dinet. Paris, Collection Alain Lesieutre.

86 Der Prophet betet um Regen vor der Schlacht von Badr. Türkische Miniatur. London, E.T. Archives.

86/87 Würdenträger bei einer Beratung vor der Schlacht von Badr. Persische Miniatur. Paris, Gallimard.

88/89 Die Gegner des Glaubens. Religiöses Fresko aus der safawidischen Zeit. Iran, Ispahan.

90 Persischer Helm. Istanbul, Topkapi.

91 Die Feinde des Propheten. Türkische Miniatur. Paris, Sonia Halliday.

92 Brief an Chosrau, Mohammed zugeschrieben. Beirut, Sonderkollektion.

92/93 Enthauptung der Gefangenen nach einer Schlacht. Türkische Miniatur. Paris, Sonia Halliday.

94/95 Das Gebet Mohammeds. Gemälde von D. Morelli, 1882. Triest, Museo Revoltella.

96/97 Arabische Reiter. Miniatur des Yaḥāā al-Wasītī. In: Makamāt …, a.a.O.

98/99 Ankunft Mohammeds vor dem Götzentempel. Die Götterbilder sind zerstört. Miniatur. In: Die wunderbare Geschichte Mohammeds, a.a.O.

Sechstes Kapitel

100 Mohammed auf einem Thron sitzend, hinter ihm Hausdiener mit Fliegenwedel. Miniatur. Ebd.

101 „Mohammed-Blume“. Miniatur aus einem religiösen Buch. Türkisch, 19. Jh. Paris, Bibliothèque nationale.

102 Jemenitischer Moslem, den Koran in der großen Moschee von Sana‘a lesend. Foto: Gallimard, Paris.

103 Das Glaubensbekenntniss. Keramikplatte mit Darstellung vom Grab des Propheten. Kairo, Islamisches Museum.

104 Der Berg Arafat. Miniatur aus einem Pilgerführer des 16. Jh. Paris, Roland et Sabrina Michaud.

105 Der Berg des Lichts. Persische Miniatur aus einem Pilgerführer des 17. Jh. Ebd.

106/107 Kamelherde. Miniatur des Yaḥyā al-Wasītī. In: Makamāt …, a.a.O.

108 Die Frau von Abū Zayd beklagt sich beim Qāḍī von Tabriz über ihren Mann. Ebd.

109 Gegenseitige Anklage eines Mannes und einer Frau vor dem Qāḍī. Ebd.

111 Das Mahl. Ebd.

112/113 Die Pilgerreise nach Mekka. Gemälde von L. Belly. Paris, Musée d'Orsay.

114 Tod Mohammeds. Persische Miniatur. Genf, Henri Stierlin.

115 Tod Mohammeds. Persische Miniatur. Paris, Artephot/Michaud.

Siebtes Kapitel

116 Grab des Propheten in Madīna. Miniatur aus einem Pilgerführer, 18. Jh. Paris, Bibliothèque nationale.

117 ‘Alī, der Schwiegersohn des Propheten, beim Gebet. Farbdruck. Paris, Rapho/ Michaud.

118/119 Der Koran ‘Uṯmāns (oben: Ausschnitt aus dem Text). Paris, Sipa-Press.

120/121 Koran. Ägyptische Handschrift, 16. Jh. Paris, Jean-Loup.

122 Keramikfries der Piyale Pascha-Moschee. 16. Jh. Paris, Hubert Josse

123 (oben) Transportabler Mihrab mit Inschrift aus dem Koran. Ebd.

123 (unten) Verkleidungsplatte eines Mihrab. Ebd.

124/125 (unten) Koranschule. Foto: Gallimard, Paris.

125 (oben) Korantäfelchen. Foto: Ebd.

126/127 Gebet. Gemälde von J. L. Gérome. Hamburg, Kunsthalle.

128 Mohammed auf der Stute Burāq inmitten von Engeln. Persische Miniatur im Mirajname. Paris, Rapho/Michaud.

Zeugnisse und Dokumente
129 Der Muezzin ruft die Gläubigen zum Gebet. Gemälde von Etienne Dinet. Marseille, Musée des beaux-arts.
131 Koranseiten: 1. und 2. Sure. Paris, Gallimard.
133 Detail eines Korans aus dem 14. Jh. Teheran, Bastan Museum.
135 Ansicht Madīnas. Türkische Miniatur aus dem 19. Jh. Paris, Bibliothèque nationale.
137 Jesus auf der Spitze des Minaretts von Damaskus. Persische Miniatur aus dem 17. Jh. Paris, Gallimard.
138 Jesus, von Engeln getragen. Persische Miniatur. Ebd.
139 Die Ka'ba in Mekka. Holzschnitt aus dem 18. Jh. Ebd.
143 Mohammed belagert eine Festung, über ihm der Erzengel Gabriel. Miniatur aus dem 14. Jh. Ebd.
145 Predigt in einer Moschee in Kobe, Japan. Foto: Ebd.
146 Lehrer einer Koranschule in Sana'a. Foto: Ebd.
148 Moslems beim Gebet in der Wüste. Foto: Ebd.
150 Ayatollah Ruhollah Khomeini. Foto: Ebd.
151 Muḥammad Abū Bakr, 'Umar, 'Uṯmān, 'Alī und 'Abd al-Muṭṭālib: Der Prophet mit den ersten (sunnitischen) Kalifen der Omayyaden. Persische Miniatur. Paris, Bibliothèque nationale.
155 'Alī und seine beiden Söhne Ḥassan und Ḥussain. Volkskunst aus Algerien. Paris, Gallimard.
158/159 Demonstration fundamentalistischer Moslems im Iran. Foto: Ebd.
161 Ein Qāḍī, ein religiöser Richter, in einer Moschee in Jemen. Foto: Ebd.
162 Pilgerkarawane nach Mekka. Foto: Ebd.
164 Die Šahāda: „Lā illāha ilā'allāh. Muḥammad rasūl Allāh." – „Es gibt keinen Gott außer Allah. Mohammed ist der Prophet Allahs." Foto: Ebd.
166 Junge Frau in Teheran. Foto: Ebd.
168 Schülerin in einer Koranschule in Ägypten. Foto: Ebd.
170 Demonstrierende Frauen im Iran. Foto: Ebd.
171 Mohammed, der Verfasser des Koran. Stich aus dem 18. Jh.
173 Mohammed, der Betrüger. Stich aus dem 18. Jh.
177 Die Kamelschlacht. Persische Miniatur. Paris, Gallimard.
181 Titelbild zu Salman Rushdies „Die Satanischen Verse". © Viking Castle, London.
191 Mohammed, Stich 19. Jahrhundert.

Register

LE CORAN

Inhalt